DIE REIHE

Archivbilder

NEUMÜNSTER

1945 BIS 1975

Diese Herren befinden sich auf Vatertagstour, komplett mit Bier, Schinken und Strohhüten. Beinahe symbolisch zeigt diese Aufnahme das Lebensgefühl in der Zeit des Wirtschaftswunders. Nach den entbehrungsreichen Kriegs- und Nachkriegsjahren war man wieder Wer und konnte das Leben genießen.

DIE REIHE

Archivbilder

NEUMÜNSTER
1945 BIS 1975

Emmi und Carsten Obst, Karl-Manfred Bünger und Egon Tietgen

SUTTON
VERLAG

Abbildungsnachweis und Danksagung

Die Aufnahmen in diesem Band erhielt der Arbeitskreis Stadtgeschichte Neumünster von:
STADTARCHIV NEUMÜNSTER: Seite 2, 8u., 10, 11, 12, 13, 14, 15, 16, 17, 18, 19, 20, 22, 23, 24o., 25, 26, 27, 28, 29, 30, 31, 32, 33, 34u., 35, 36, 38, 39, 40, 41, 42, 43, 45, 46, 47, 48, 49, 52, 53, 54o., 55, 56, 57, 58, 59, 60, 61, 62, 63, 64, 66, 67, 69, 70, 71, 72, 73, 74, 75, 77, 78, 79, 80, 82, 83, 84, 85, 86, 87, 88, 89, 90, 91, 92, 93u., 94, 96, 97, 98, 99, 100o., 101, 102, 103, 104, 105o., 106, 108u., 109, 110, 111, 112, 113, 114u., 155, 116, 117u., 118, 119, 120, 121, 122, 123, 124, 125, 126
EMMI UND CARSTEN OBST: 24u., 34o., 50, 76, 93o., 105u., 108o., 117o.
KARL-MANFRED BÜNGER: 8o., 68, 100u. und 114o.

Wir danken dem Stadtarchiv Neumünster für die Unterstützung bei der Erstellung dieses Bandes, insbesondere bei der Suche nach Bildmaterial und der Ermittlung von Informationen zur Stadtgeschichte. Zugleich möchten wir allen Personen unseren Dank aussprechen, die das Projekt durch Hinweise, Ratschläge oder auf andere Weise unterstützt haben.

Sutton Verlag GmbH
Arnstädter Straße 8
99096 Erfurt
www.suttonverlag.de

3. Auflage, 2019
ISBN: 978-3-86680-670-2
Druck: Florjančič Tisk d.o.o. / Slowenien

Inhaltsverzeichnis

Geleitwort

Im Jahre 1945 befand sich unsere Stadt aufgrund der Folgen des Zweiten Weltkrieges in der schwersten Krise ihrer Geschichte. Schon oft hatte Neumünster unter den Auswirkungen von Kriegen gelitten, aber niemals zuvor waren sie derartig gravierend gewesen.

Vor dem Zweiten Weltkrieg war Neumünster ein blühendes Industriezentrum und ein wichtiger Verkehrsknotenpunkt. Eine leistungsfähige Industrie bildete das Rückgrat der städtischen Wirtschaftsstruktur, während überregionale Bahn- und Straßenverbindungen eine verkehrsgünstige Anbindung mit dem gesamten norddeutschen Raum ermöglichten.

Als Folge der Luftangriffe waren weite Teile von Neumünster bei Kriegsende zerstört. Die Einwohnerzahl stieg durch den Zustrom an Flüchtlingen und Heimatvertriebenen an, doch mangelte es gleichzeitig an den grundlegenden Versorgungsgütern wie Lebensmitteln und Heizmaterial.

Angesichts dieser Situation schien der Gedanke an einen erfolgreichen Neubeginn illusorisch zu sein. Trotzdem begann der Wiederaufbau von Neumünster, zunächst langsam, dann aber mit einer wachsenden Dynamik. Mit der Hans-Böckler-Siedlung entstand sogar ein neuer Stadtteil für Flüchtlinge und Heimatvertriebene. Industrie, Handel und Wirtschaft überwanden ebenfalls die Kriegsschäden, um eine neue Blütezeit zu erleben. Damit begann auch für Neumünster die Zeit des Wirtschaftswunders, das der Bevölkerung in der neuen Bundesrepublik einen zuvor nicht gekannten Wohlstand bescherte. Eigenheime, Ferienreisen und das eigene Auto wurden jetzt für viele Menschen erschwinglich, während Neuheiten wie das Fernsehen unseren Alltag veränderten.

Diese Epoche endete gegen Mitte der Sechzigerjahre, als sich die wirtschaftlichen Strukturen zu ändern begannen. In Neumünster ging das zulasten der traditionellen Textil- und Lederindustrien. Zugleich erhob man zunehmend Forderungen nach gesellschaftlichen Reformen, die das folgende Jahrzehnt prägen sollten.

Der vorliegende Bildband dokumentiert die Zeit von 1945 bis 1975 und beschreibt die Entwicklungen und Ereignisse in diesen drei Jahrzehnten, die zu den schwersten, aber auch interessantesten unserer Stadtgeschichte gehören. Zusammengestellt hat ihn der Arbeitskreis Stadtgeschichte Neumünster, der dazu die umfangreichen Bildbestände des Stadtarchivs Neumünster sichtete. Insgesamt 201 Fotos und Ansichtskarten sowie themenbezogene Begleittexte machen die Leser mit dem damaligen Leben vertraut.

Die Stadt Neumünster dankt dem Arbeitskreis Stadtgeschichte Neumünster für die Auswahl der Bilder und die Erstellung der Texte. Weiterhin danken wir dem Stadtarchiv Neumünster, das die redaktionelle Betreuung durchführte, sowie allen Personen, die das Projekt durch Auskünfte und Material unterstützten.

Wir hoffen, dass dieser vom Sutton Verlag herausgegebene Bildband weite Verbreitung unter den Einwohnern der Stadt Neumünster findet.

Hartmut Unterlehberg
Oberbürgermeister

Neumünster zwischen 1945 und 1975

Im Jahre 1945 sah sich die Bevölkerung von Neumünster mit den Folgen der nationalsozialistischen Herrschaft und des daraus resultierenden Zweiten Weltkrieges konfrontiert. Die Luftangriffe hatten schwerste Zerstörungen hinterlassen, während sich die Einwohnerzahl schlagartig durch den Zuzug von Flüchtlingen und Heimatvertriebenen aus dem Osten erhöhte. Gleichzeitig reichte die Versorgungslage in keiner Weise aus, um der Bevölkerung auch nur annähernd genügend Lebensmittel und Gebrauchsgüter zur Verfügung zu stellen.

Angesichts dieser Situation schien jeder Versuch einer Lösung zum Scheitern verurteilt. Mit Unterstützung der britischen Militärregierung gelang es der neuen Stadtführung aber trotzdem, die Lage allmählich zum Besseren zu wenden. Dazu trug auch die Wiederherstellung der Eisenbahnverbindungen bei, was einen geregelten Güterverkehr ermöglichte.

Die Währungsreform des Jahres 1948 gab dem jetzt beginnenden Wiederaufbau mit der Deutschen Mark die dringend benötigte Grundlage einer soliden Währung. In Neumünster gingen damit bereits frühzeitig Beschlüsse zur Wirtschaftsförderung einher, deren Ziel darin bestand, hier neue Unternehmen anzusiedeln. Das Wiedererscheinen des „Holsteinischen Couriers“ 1949, die Gründung der Hans-Böckler-Siedlung 1950 und die im selben Jahr erfolgte Wiedereröffnung der „Holstenhalle“ markierten das Ende der Nachkriegszeit. Zugleich entwickelte sich auch die städtische Politik auf eine positive Weise. Die erste Ratsversammlung nach dem Zweiten Weltkrieg wurde 1945 noch von der britischen Militärregierung eingesetzt, aber die Kommunalwahlen im Jahre 1946 ermöglichten es der Bevölkerung wieder, eine demokratische Stadtführung zu wählen. Obwohl es zwischen den Ratsfraktionen oft zu leidenschaftlich geführten Auseinandersetzungen kam, gestaltete sich die praktische kommunalpolitische Arbeit in der Regel überaus konstruktiv.

Nach dem erfolgreichen Wiederaufbau erlebte Neumünster das Wirtschaftswunder der Fünfzigerjahre. Trends wie die sogenannte Fresswelle oder die Reisewelle gaben der Bevölkerung die Gelegenheit, die Versäumnisse der harten Kriegs- und Nachkriegsjahre endlich nachzuholen. Gleichzeitig stiegen die Ansprüche der Menschen, was mit der Erwartung eines immer weiter fortschreitenden Wohlstandes einherging. Auch die Auswirkungen einer bundesweiten Strukturkrise auf die Neumünsteraner Textil- und Lederindustrie gegen Mitte der Sechzigerjahre sollten diesen Glauben noch nicht beeinträchtigen.

Mit dem vorliegenden Bildband soll nun dieser Abschnitt der Neumünsteraner Stadtgeschichte dokumentiert werden. Zu diesem Zweck wählte der Arbeitskreis Stadtgeschichte insgesamt 204 Fotos, Ansichtskarten und andere Bilder aus, die das Leben und die Entwicklungen zwischen 1945 und 1975 schlaglichtartig aufzeigen. Unsere Auswahl kann notwendigerweise nicht alle denkbaren Themen berücksichtigen, aber wir sind der Ansicht, dass die Leser hier eine informative Übersicht der damaligen Entwicklungen erhalten.

Der erfolgreiche Wiederaufbau des 1944/45 durch Luftangriffe schwer zerstörten Neumünsters war ein sichtbares Zeichen des Wirtschaftswunders. Baumaßnahmen aller Art waren damals ein alltäglicher Anblick. Hier sieht man eine Baustelle am Großflecken, vermutlich um 1955 aufgenommen.

1952 entstand dieses Panorama von Neumünster, das man heute als klassisch für die Fünfzigerjahre werten kann. Die Schäden im Stadtgebiet sind beseitigt, während die rauchenden Fabrikschornsteine von einer erneut prosperierenden Industrie zeugen. Das Wirtschaftswunder hatte Neumünster erreicht.

1

Die Nachkriegszeit

1945 sahen sich die Einwohner von Neumünster mit der schwierigsten Situation in der Geschichte unserer Stadt konfrontiert. Mehrere Luftangriffe hatten zu großflächigen Zerstörungen geführt, bei denen 1.081 Zivilisten sowie etwa 100 Zwangsarbeiter und 80 Wehrmachtsangehörige ums Leben kamen. Insgesamt wurden 3.700 Wohnungen zerstört, was 22,3 % des Vorkriegsbestandes entsprach. Durch den Zuzug von Flüchtlingen und Vertriebenen erhöhte sich die Einwohnerzahl bis 1946 auf etwa 62.000, sodass sich ein spürbarer Wohnraummangel ergab.

Nahrungsmittel, Heizmaterial und sogar einfachste Gebrauchsgüter fehlten ebenfalls. Bei Kriegsende war es bereits nicht mehr möglich, die Lebensmittelversorgung aufrechtzuerhalten. Allerdings kam es noch schlimmer. 1946 musste man die Brot- und Nährmittelrationen um 50 % kürzen, obwohl diese eigentlich die ausbleibenden Fleisch- und Gemüserationen ausgleichen sollten. Leidtragende dieser Situation waren natürlich vor allem die Kinder.

Als ebenso problematisch erwies sich der Mangel an Heizmaterial, der die Bevölkerung besonders in dem sehr kalten Winter von 1946/47 stark belastete. Mit allen Mitteln versuchten die Einwohner an Holz oder Kohle zu gelangen. Parks und Wälder wurden abgeholzt, während man den Diebstahl aus Kohletransporten als legitim betrachtete. Torf diente nun als Ersatz für die fehlende Kohle.

Die Unterbringung der Flüchtlinge und Vertriebenen musste oft in Lagern oder Behelfsquartieren erfolgen. Etwa die Hälfte von ihnen wies die Stadtverwaltung in Privathäuser und -wohnungen ein, die sie sich nun mit den eigentlichen Bewohnern zu teilen hatten. Die daraus resultierenden Spannungen ließen sich nur allmählich überwinden.

Es gehört zu den größten Leistungen in der Neumünsteraner Stadtgeschichte, dass diese fast aussichtslos erscheinende Lage durch Improvisation, Einfallsreichtum und Engagement gemeistert wurde. Entscheidend dazu beigetragen hat die Stadtverwaltung, an deren Spitze der von den Briten 1945 eingesetzte Reichsbankbeamte Gustav Bärwald stand.

Allmählich stabilisierte sich die Situation, wozu die Wiederherstellung der Transportwege für den Güterverkehr entscheidend beitrug. Das Warenangebot verbesserte sich, um nach der 1948 durchgeführten Währungsreform eine Normalisierung zu erreichen. Die neue Deutsche Mark führte zu einem frühen Konsumrausch, der aber 1949 Preissteigerungen bewirkte. Obwohl sich das Leben damit verteuerte, erwarb sich die DM-Währung doch das Vertrauen der Verbraucher. Damit war der Weg bereitet für den Wiederaufbau und das Wirtschaftswunder der Fünfzigerjahre.

Eine zunächst ungewohnte, dann aber rasch vertraute Erscheinung im Stadtbild waren die britischen Truppen, die Neumünster 1945 besetzt hatten. Am Anfang herrschte auf ihrer Seite ein starkes Misstrauen, das sich in Hausdurchsuchungen und Ausgangssperren äußerte. Schon bald normalisierten sich die Beziehungen zwischen Briten und Deutschen aber. Als die britischen Truppen 1957 abzogen, war der Grundstein für die heutige deutsch-britische Freundschaft gelegt.

Vermutlich gegen oder kurz nach Kriegsende entstand dieses Foto, das einen Bombentrichter in der Fabrikstraße zeigt. Die Menschen wirken im Vergleich dazu beinahe winzig. Für die Situation, mit der sich die Stadt als Folge der Luftangriffe konfrontiert sah, ist dieser Anblick beinahe symbolisch.

Die Luftangriffe trafen die Innenstadt besonders schwer. Zeitzeugen berichten, dass sie vom Teich bis zum Bahnhof über Trümmer gehen konnten. Das Foto zeigt einen Blick in Richtung Teich, gesehen vom Großflecken 14 aus. Im Hintergrund erkennt man den Turm der zerstörten Anscharkirche.

1939 gab es in Neumünster 16.624 Wohnungen für 52.000 Einwohner. Die Luftangriffe zerstörten bis 1945 davon 3.700 und beschädigten 4.556. Gleichzeitig erhöhte sich die Einwohnerzahl durch die Flüchtlinge auf 62.000. Die hier gezeigten Gebäude Goethestraße 5–11 wurden am 25. Oktober 1944 von Bomben getroffen.

Der Mangel an Heizmaterial belastete die Bevölkerung in den kalten Wintern der Nachkriegsjahre schwer. Wohnungen konnte man nur stundenweise auf fünf bis zehn Grad erwärmen. Das Foto zeigt Einwohner vor einer Kohlenhandlung, die zum Transport ihrer Zuteilungen Säcke, Schlitten und Ziehwagen mitbringen.

Verzweifelt griff die frierende Bevölkerung auf jedes Mittel zurück, um Heizmaterial zu beschaffen. Wilde Abholzungen von Parkbäumen und das Berauben von Kohletransporten der Eisenbahn sah man als gerechtfertigte Nothilfe an. Sogar auf dem Schuttberg im Stadtwald suchten die Einwohner nach Kohlen.

Die ungenügende Lebensmittelversorgung war ein weiteres Problem für die Bevölkerung. Steckrüben wurden jetzt zum Ersatz für Fleisch, Kartoffeln und Gemüse. Oft blieb den Familien wie hier gezeigt nur der Kauf von minderwertigen Fleischprodukten bei der Freibank, um die knappen Rationen aufzubessern.

Nach der Ernte im Herbst beteiligten sich viele Einwohner am Ährensammeln und Kartoffelstoppeln auf den Feldern, um noch die letzten Ähren und Kartoffeln zu finden. Vor dem Krieg hatte das als „eine Tätigkeit der Ärmsten" gegolten. Dieser alte Mann ist mit dem Kartoffelstoppeln beschäftigt.

Häufig nutzte man private Gärten, um Gemüse anzupflanzen, das zur Ergänzung der Lebensmittelrationen diente. Die Stadt legte zu diesem Zweck noch 750 Schrebergärten an. So wie dieser Mann sammelten viele Gartenbesitzer die von den Zugpferden in den Straßen zurückgelassenen „Peerköddel" als Dünger.

Das 1946 eingerichtete Flüchtlingslager Ehndorfer Platz bestand bis 1954. Anfang 1947 lebten hier 3.636 Personen in Holzbaracken und Nissenhütten aus Wellblech, die von den Briten zur Verfügung gestellt wurden. Diese undatierte Aufnahme vermittelt einen Eindruck von den dortigen Lebensbedingungen.

Qualvolle Enge, ungenügende Heizung, Lüftung und Beleuchtung sowie ein Mangel an lebensnotwendigen Gütern kennzeichneten das Leben in den Flüchtlingslagern. Dieses Foto zeigt die Habseligkeiten eines Flüchtlings, die er auf engstem Raum in einer Nissenhütte am Ehndorfer Platz unterbringen musste.

Die Kinder der Flüchtlinge litten besonders unter der Situation. Diese Aufnahme aus dem Lager Ehndorfer Platz verdeutlicht ihr tägliches Elend. Zu dem Mangel an Kinderbekleidung und Nahrungsmitteln kam das Problem eines geregelten Schulbesuchs, um ihnen eine ausreichende Bildung zu vermitteln.

Seit 1947 trat eine gewisse Normalisierung der Situation in dem Lager am Ehndorfer Platz ein, als hier sieben Geschäfte und eine Arztpraxis eröffneten. Die endgültige Überwindung der Flüchtlingsproblematik wurde aber erst durch ihre soziale Integration in die westdeutsche Gesellschaft ermöglicht.

Die Anwesenheit der Briten in Neumünster war während der Nachkriegsjahre unübersehbar. Überall im Stadtgebiet konnte man auf ihre Truppen und Einrichtungen stoßen. Dieses Hinweisschild auf eine britische Einheit stand während des Winters 1946/47 in der Carlstraße bei der Abzweigung zur Sedanstraße.

In den Stadt- und Landkreisen Schleswig-Holsteins richtete die britische Militärregierung zur Übernahme der Regierungsgewalt sogenannte Kreis-Detachments ein. Das Comand 629 (K) Detachment Military Government war für Neumünster zuständig. Hier sieht man das Personal dieses Detachments 1945 oder 1946 vor dem Stadthaus.

Die Briten beschlagnahmten zahlreiche Gebäude für ihre Zwecke. Dazu gehörte auch das Hansa-Theater, ein Kino, das sich im Großflecken 45/47 befand. Nun Odeon genannt, diente es seither für Filmvorführungen im Rahmen der britischen Truppenbetreuung. Hier ist das Kino im Winter 1946/47 zu sehen.

Ebenfalls der Beschlagnahmung unterlag das Gebäude Großflecken 26 an der Einmündung zur Lütjenstraße. Hier eröffneten die Navy, Army and Air Force Institutes (NAAFI) ein Geschäft für die britischen Soldaten, wo sie Lebensmittel und Getränke kaufen konnten. Diese Aufnahme entstand im Winter 1946/47.

1945 ernannten die Briten den Reichsbankbeamten Gustav Bärwald zum Chef der Stadtverwaltung. Seinem ruhigen, aber konzentrierten Einsatz ist es mit zu verdanken, dass die Probleme der Nachkriegszeit überwunden wurden. Bärwald, der perfekt Englisch sprach, starb 1949 kurz nach seiner Pensionierung.

Nach der Währungsreform von 1948 normalisierte sich das Leben allmählich. Für die neue Deutsche Mark erhielten die Verbraucher endlich wieder qualitativ gute Waren, auch wenn sich die Geschäfte noch in Baracken befanden. Diese Verkaufsbude am Großflecken bot sogar Eis, Würstchen und Coca-Cola an.

Fast symbolisch ist diese Aufnahme aus den Nachkriegsjahren. Neben dem durch Luftangriffe stark beschädigten „Bahnhofshotel" am Kuhberg wurde die erste Reklametafel nach Kriegsende aufgebaut, auf der man für Holstenbier ebenso wie für ein Eiscafé warb. 1950 musste der Abriss des Hotels erfolgen.

Die Lebensmittelrationierung endete in der Bundesrepublik am 1. März 1950, doch konnten sich die Verbraucher bereits seit der Währungsreform von 1948 wieder auf dem freien Markt selber versorgen. Hier sieht man Kunden, die vor Kaisers Kaffeegeschäft am Kuhberg wegen einer Sonderzuteilung von Zucker warten.

2

Das Leben ab 1950

Nach der Währungsreform begann sich das tägliche Leben in unserer Stadt wieder zu normalisieren. Seit etwa 1950 war die unmittelbare Nachkriegszeit überwunden, auch wenn die Spuren noch lange sichtbar blieben. Dazu gehörten die nach Neumünster gekommenen Flüchtlinge, die sich jetzt auf einen permanenten Aufenthalt in ihrer neuen Heimat einrichten mussten. Die Auflösung der Flüchtlingslager war ein Zeichen für ihre allmähliche Integration in die städtische Sozialstruktur.

Schwierig gestaltete sich auch das Schicksal der Spätheimkehrer. Zumeist in der Sowjetunion nach Kriegsende völkerrechtswidrig zurückgehalten, fanden sie bei der Rückkehr völlig neue Verhältnisse vor. Glücklich war der, dem die Familie einen Rückhalt bot.

Auch die internationale Politik bereitete Sorgen. Seit der sowjetischen Berlinblockade von 1948 bildete Berlin einen besonderen Krisenherd. In Neumünster versuchte man die Berliner zu unterstützen, wozu unter anderem ein Gedenkstein auf dem Berliner Platz diente

Eine völlige Umgestaltung erlebte der Straßenverkehr, denn die zunehmende Motorisierung ermöglichte eine zuvor undenkbare Mobilität. Erst allmählich wurde man sich der Folgen bewusst: Staus, Parkplatzprobleme und eine steigende Zahl von Unfallopfern. Die Entwicklung des Straßenverkehrs ging auch zulasten der Bahn, obwohl diese noch bis in die Sechzigerjahre das wichtigste Transportmittel blieb.

Das Wirtschaftswunder bescherte den Verbrauchern wieder ein reichhaltiges Warenangebot. Sowohl auf dem Wochenmarkt wie auch in den Geschäften lohnte sich jetzt wieder der Einkaufsbummel, während Verbraucherausstellungen zahlreiche Besucher anzogen.

Kontinuität kennzeichnete die städtische Politik zwischen 1950 und 1970, was auch auf der erfolgreichen Tätigkeit von Oberbürgermeister Walter Lehmkuhl beruhte. Das bedeutete aber keineswegs eine Harmonie der Parteien, wie die oft hart geführten Wahlkämpfe zeigten.

Das Bedürfnis nach geordneten Verhältnissen zeigte sich in den Fünfzigerjahren durch eine Rückbesinnung auf traditionelle Moralvorstellungen und Werte. Ende der Sechzigerjahre begann schließlich eine Liberalisierung, die alle Bereiche der Gesellschaft umfasste.

Der Alltag wurde immer wieder durch Ereignisse aufgelockert, die das besondere Interesse der Menschen fanden. Dazu gehörten Besuche ausländischer Würdenträger ebenso wie ungewöhnliche Wetterverhältnisse oder die Auftritte von Musikgruppen. Kunstausstellungen fanden ein sachverständiges Publikum, auch wenn die moderne Kunst sich gelegentlich einem raschen Verständnis entzog.

Angesichts des Wohlstandes und des Friedens, den die Menschen inzwischen gewöhnt waren, ist es verständlich, dass die Ölkrise des Jahres 1973 einen tiefgreifenden Schock verursachte. Diese Krise trug mit zu einem Bewusstseinswandel bei, der zu kritischen Fragen über den Zustand von Staat und Gesellschaft führte. Zahlreiche Entwicklungen, Modernisierungen und Reformen nach 1975 nahmen damals ihren Anfang.

Die Schaffung von neuem Wohnraum ermöglichte es, die Flüchtlingslager schließlich aufzulösen. Als offizielles Datum dafür gilt der 9. Juli 1954. An diesem Tag wurde die letzte Nissenhütte im Lager Ehndorfer Platz abgerissen. Eine große Zuschauermenge verfolgte das Ereignis, wie dieses Foto zeigt.

Am Morgen des 11. Juli 1956 brannte es in der Asphalt- und Wellpappenfabrik Otto Ernst Röthel. Bei den Aufräumungsarbeiten entdeckte man in einer Dachbodenecke nach dem Abbruch des Mauerwerkes dreißig Hakenkreuzfahnen, die bei dem Brand beschädigt wurden. Wer sie dort versteckt hatte, blieb ungeklärt.

1952 wurde auf dem Gänsemarkt ein Mahnmal für die noch kriegsgefangenen Einwohner errichtet. Die Plaketten mit ihren Namen entfernte man, sobald der betreffende Gefangene zurückkam, wie hier gut zu erkennen ist. Nachdem 1957 der Letzte wieder in der Heimat war, erfolgte der Abriss des Mahnmals.

Die Integration der Spätheimkehrer stellte ein besonderes Problem dar. So hielt die UdSSR zahlreiche deutsche Kriegsgefangene bis Mitte der Fünfzigerjahre fest, darunter den Lehrer Karl-Heinz Bünger, der 1953 freikam. Ein Jahr später übernahm er eine Stelle an der Schule in Brachenfeld.

Aufgrund der politischen Auseinandersetzungen um Berlin wurde am 3. Juli 1957 auf dem Berliner Platz der Berlin-Gedenkstein eingeweiht, um die Solidarität Neumünsters mit der dortigen Bevölkerung zu symbolisieren. Das Foto zeigt die Enthüllung des von dem Künstler Georg Fugh geschaffenen Steines.

Motorräder erfreuten sich in den Fünfzigerjahren großer Beliebtheit, denn sie boten eine preisgünstige Mobilität, sowohl bei Stadt- wie auch bei Überlandfahrten. Zunehmend wurden sie aber von Autos ersetzt. Hier sieht man Herbert Obst auf seinem Motorrad der Marke Horex, das einen Beiwagen hatte.

Mitte der Fünfzigerjahre hatte sich das Leben in Neumünster normalisiert, wie diese Ansicht des Großfleckens zeigt. Interessant ist der bereits relativ dichte Verkehr. Pferdefuhrwerke waren damals noch ein üblicher Anblick, während dreirädrige Transporter die Rolle heutiger Kombiwagen übernahmen.

In den Fünfzigerjahren stellte die Eisenbahn noch immer das wichtigste Verkehrsmittel dar, wenn man eine Reise unternahm. Diese Fahrgäste warten 1954 auf dem Hauptbahnhof, dass der Zug einfährt. Erst in den Sechzigerjahren verloren Bahnreisen durch die zunehmende Motorisierung an Bedeutung.

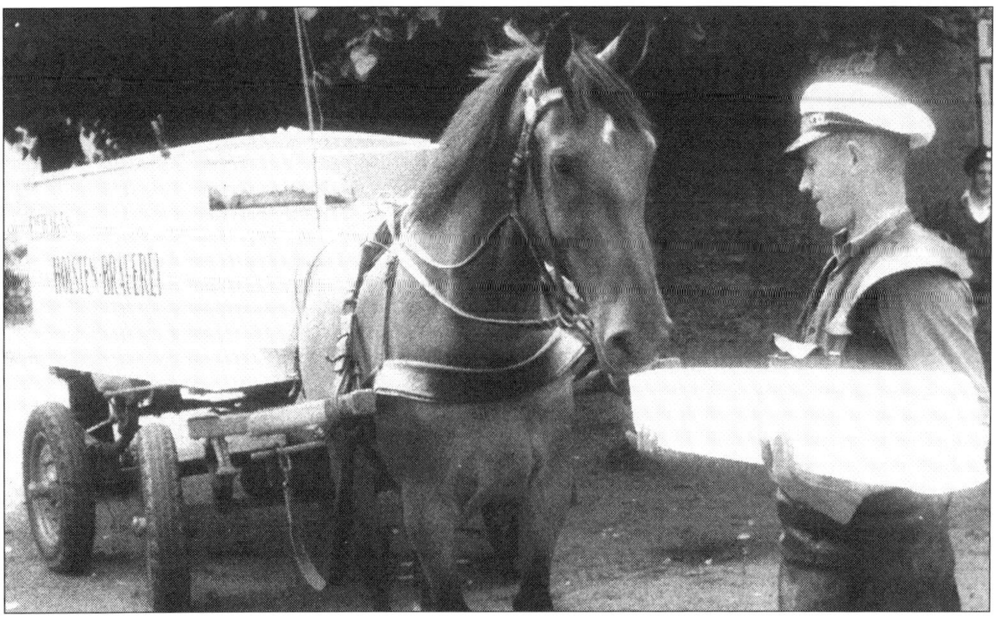

In den Fünfzigerjahren fanden noch immer zahlreiche Pferdefuhrwerke Verwendung. Mit diesem Eiswagen brachte die Holsten-Brauerei das sogenannte Stangeneis zu den Gastwirtschaften und Hotels. Diese benötigten das Eis zur Kühlung der Biervorräte, wenn sie über keine modernen Kühlräume verfügten.

Die Stellung von Neumünster als Verkehrsknotenpunkt förderte die ansässige Industrie durch gute Transportmöglichkeiten. Mitunter gab es dabei Probleme. So musste 1956 dieses bei Hermann Stock gefertigte Kesselrohr durch die Innenstadt transportiert werden, was ein Höchstmaß an Präzision verlangte.

Die Normalisierung des Warenangebotes nach der Währungsreform zeigte sich auch auf dem Wochenmarkt, wo man sogar wieder Geflügel erhielt. Auf diesem wohl um 1955 entstandenen Foto prüft Frau Mertens – die Dame mit dem Haarkranz – die Ware. Sie war mit dem Rechtsanwalt Heinz Mertens verheiratet.

In der Holstenhalle fanden seit den Fünfzigerjahren zahlreiche Ausstellungen statt, darunter 1956 die Gartenausstellung Heim – Haus – Garten – Kleintierhof. Das Angebot der 80 Aussteller reichte von Öfen bis zu Haustieren. Hier sieht man die Halle, ehe sie für die Besucher geöffnet wird.

In den Fünfzigerjahren kam den FKK-Zeitschriften die Rolle der heutigen Herrenmagazine zu. Aufgrund der damals restriktiven Moralvorstellungen mussten die Titelblätter aber oft auf behördliche Anordnung hin verdeckt werden. Dieses Foto der Auslage eines Zeitungskiosks ist dafür ein amüsanter Beleg.

Kontinuität zeichnete die Kommunalpolitik seit 1950 aus, doch verliefen die Wahlkämpfe oft turbulent. 1955 trat die Wahl-Union, zu der die CDU gehörte, gegen die Ratsmehrheit der SPD an. Mit diesem Plakat prangerte sie tatsächliche oder vermeintliche Probleme an, um die Wähler für sich zu gewinnen.

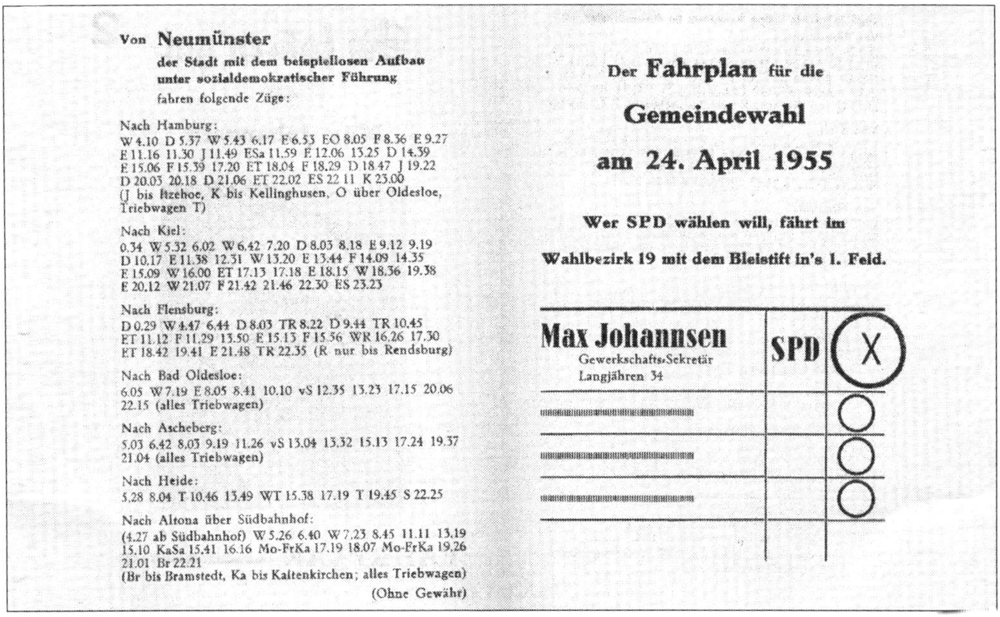

Von **Neumünster**

der Stadt mit dem beispiellosen Aufbau unter sozialdemokratischer Führung

fahren folgende Züge:

Nach Hamburg:
W 4.10 D 5.37 W 5.43 6.17 E 6.53 EO 8.05 F 8.36 E 9.27 E 11.16 11.30 J 11.49 ESa 11.59 F 12.06 13.25 D 14.39 E 15.06 F 15.39 17.20 ET 18.04 F 18.29 D 18.47 J 19.22 D 20.03 20.18 D 21.06 ET 22.02 ES 22.11 K 23.00
(J bis Itzehoe, K bis Kellinghusen, O über Oldesloe, Triebwagen T)

Nach Kiel:
0.34 W 5.32 6.02 W 6.42 7.20 D 8.03 8.18 E 9.12 9.19 D 10.17 E 11.38 12.31 W 13.20 E 13.44 F 14.09 14.35 E 15.09 W 16.00 ET 17.13 17.18 E 18.15 W 18.36 19.38 E 20.12 W 21.07 F 21.42 21.46 22.30 ES 23.23

Nach Flensburg:
D 0.29 W 4.47 6.44 D 8.03 TR 8.22 D 9.44 TR 10.45 ET 11.12 F 11.29 13.50 E 15.13 F 15.56 WR 16.26 17.30 ET 18.42 19.41 E 21.48 TR 22.35 (R nur bis Rendsburg)

Nach Bad Oldesloe:
6.05 W 7.19 E 8.05 8.41 10.10 vS 12.35 13.23 17.15 20.06 22.15 (alles Triebwagen)

Nach Ascheberg:
5.03 6.42 8.03 9.19 11.26 vS 13.04 13.32 15.13 17.24 19.37 21.04 (alles Triebwagen)

Nach Heide:
5.28 8.04 T 10.46 13.49 WT 15.38 17.19 T 19.45 S 22.25

Nach Altona über Südbahnhof:
(4.27 ab Südbahnhof) W 5.26 6.40 W 7.23 8.45 11.11 13.19 15.10 KaSa 15.41 16.16 Mo-FrKa 17.19 18.07 Mo-FrKa 19.26 21.01 Br 22.21
(Br bis Bramstedt, Ka bis Kaltenkirchen; alles Triebwagen)

(Ohne Gewähr)

Der **Fahrplan** für die

Gemeindewahl

am 24. April 1955

Wer SPD wählen will, fährt im Wahlbezirk 19 mit dem Bleistift in's 1. Feld.

Max Johannsen Gewerkschafts-Sekretär Langjähren 34	**SPD**	(X)
———		◯
———		◯
———		◯

Die SPD veröffentlichte 1955 einen „Fahrplan für die Gemeindewahl", mit dem sie für Max Johannsen warb, der seit 1952 Stadtpräsident war. Bei der Wahl erhielt die SPD 16 und die Wahl-Union 15 Ratssitze. Um den Einfluss der kleinen Parteien auszugleichen, kooperierten die beiden Fraktionen bis 1959.

Oberbürgermeister Walther Lehmkuhl (SPD) prägte die städtische Kommunalpolitik von 1950 bis 1970. Von Beruf Maschinenschlosser und Jurist, erwies er sich als umsichtiger und aktiver Verwaltungschef. Hier spricht er mit den Zuschauern, während man die letzte Nissenhütte am Ehndorfer Platz abreißt.

Als Walther Lehmkuhl 1970 aus dem Amt des Oberbürgermeisters ausschied, bedeutete dies das Ende einer kommunalpolitischen Epoche in Neumünster. Ein langer Ruhestand war ihm nicht vergönnt, denn er starb noch im gleichen Jahr. Die Trauerfeier fand am 26. November 1970 in der Klaus-Groth-Schule statt.

Seit 1970 prägten wechselnde Mehrheiten in der Ratsversammlung und eine personelle Kontinuität im Magistrat die Kommunalpolitik. Die veränderten Wirtschaftsstrukturen konfrontierten beide Gremien mit neuen Aufgaben. Als dieses Foto 1973 entstand, verfügte die SPD im Rat über die absolute Mehrheit.

Exotisch war der Besuch von Prinz Seif el Islam Hassan, dem Vizekönig des Jemen, der am 27. Februar 1953 nach Neumünster kam. Auf Vermittlung eines Importeurs von jemenitischem Leder besichtigte er hier die Lederfabrik Hermann G. Schmidt, wo auch der offizielle Empfang des hohen Gastes stattfand.

Am 2. Juli 1956 ging über Neumünster ein äußerst schweres Gewitter nieder, das zu Überschwemmungen im ganzen Stadtgebiet führte. Viele Straßen waren blockiert, mehrere hundert Keller standen meterhoch unter Wasser. Hier versuchen Passanten, die besonders schwer betroffene Werderstraße zu durchqueren.

Am 5. Juli 1961 veranstaltete die Aarhus Piegegarde aus Dänemark ein Konzert auf der Klosterinsel. Der erfolgreiche Auftritt dieser Mädchenkapelle, die hier vor Karstadt zu sehen ist, führte zur Gründung des Mädchen-Musikzuges Neumünster, der am 4. Juli 1962 in der Holstenhalle erstmals auftrat.

Die Initiative zur Gründung des Madchen-Musikzuges Neumünster ging von Stadtrat Eugen Lechner aus. Schon bald entwickelte sich dieses leistungsstarke Orchester mit seinem vielfältigen Repertoire zu einem wichtigen Werbeträger unserer Stadt, wozu auch Fernsehauftritte und Auslandsreisen beitrugen.

Der Einfelder See war ein beliebtes Naherholungsgebiet. An heißen Sonntagen zählte man bis zu 10.000 Besucher, darunter Badegäste, Wanderer, Segler und Ruderer. Gastwirtschaften und Erfrischungsstände erschlossen das Gebiet auch für Touristen. Diese Ansichtskarte von 1962 zeigt den Strand des Sees.

Zahlreiche Ausstellungen im Textilmuseum machten die Besucher mit den verschiedenen Kunstrichtungen vertraut. Vom 7. März bis zum 12. April 1971 zeigte hier Heinrich Hagemann eine Auswahl seiner Textilcollagen. Auf diesem Foto erläutert der autodidaktisch ausgebildete Künstler eines seiner Werke.

Alljährlich fand während der Adventszeit am Teich neben Hertie eine Weihnachtslotterie statt, deren Einnahmen man für gemeinnützige Zwecke verwendete. Die Einwohner nahmen gerne an dieser Lotterie teil. 1972 gehörten zu den Hauptgewinnen 20 PKW der Marke VW Käfer und 20 Farbfernseher.

Als die arabischen Staaten 1973 die Ölproduktion drosselten, führte die Ölkrise zu einem weltweiten Schock. Die Bundesregierung verhängte Sonntagsfahrverbote, um Benzin zu sparen. Am 25. November 1973, dem ersten autofreien Sonntag, sah man am Großflecken nur Fußgänger, Radfahrer – und ein Tretauto.

Neben den traditionellen Jahrmärkten erfreuten sich auch die Weihnachtsmärkte großer Beliebtheit. Kurz vor dem Fest boten sie die Möglichkeit für einen Familienspaziergang, so wie hier 1973 auf dem Kleinflecken. Für die Markthändler und Schausteller waren die Weihnachtsmärkte ein Zusatzverdienst.

Am 10. Januar 1974 fand man bei Bauarbeiten in der Rendsburger Straße eine nicht explodierte amerikanische 5-Zentner-Bombe. Nachdem die Anwohner evakuiert worden waren, entschärfte Klaus Kinder von der Munitionsräumgruppe des Landes den Blindgänger. Nach 20 Minuten hatte er den Zünder ausgebaut.

3

Stadtansichten von Neumünster

Angesichts der umfangreichen Schäden durch die Luftangriffe und des Mangels an Baumaterial schien der Gedanke an einen Wiederaufbau in Neumünster utopisch zu sein. Trotzdem begannen noch 1945 die Arbeiten, indem zunächst der Schutt geräumt wurde. Aus den Trümmern barg man alles Material, das offenbar noch brauchbar war. Ruinen, deren Wiederherstellung man als unmöglich betrachtete, ereilte der Abriss.

Der eigentliche Wiederaufbau setzte 1950 ein, als auf dem früheren Luftwaffenflugplatz die Errichtung der Hans-Böckler-Siedlung begann. Finanziert durch den Marshall-Plan entstanden bis 1951 hier 800 Wohnungen zur Unterbringung von Flüchtlingen und 16 Gewerbebauten. Die Durchführung dieses Projektes übernahm die 1949 gegründete Wohnungsbaugesellschaft Neumünster (Wobau). In den folgenden Jahren gingen zahlreiche Bauvorhaben auf die Tätigkeit der Wobau zurück.

Die Errichtung der Hans-Böckler-Siedlung erwies sich als ein landesweites Signal. In Neumünster setzte damit ein Bauboom ein, wie es ihn zuvor noch nicht gegeben hatte. Zwischen 1950 und 1960 erhöhte sich der Wohnungsbestand unserer Stadt von 15.000 auf 23.000 Wohnungen.

Dieser Trend setzte sich in den Sechzigerjahren fort, allerdings verlagerte sich der Schwerpunkt jetzt auf Ein- und Zweifamilienhäuser. Zahlreiche neue Baugebiete wurden ausgewiesen, u. a. in Tungendorf, Faldera, Wittorf und der Gartenstadt. Als Ergebnis dieser Entwicklung verfügte Neumünster 1970 über 29.000 Wohnungen.

Die gewerbliche Bautätigkeit entwickelte sich ebenso erfolgreich. Gebäude aus der Vorkriegszeit wurden erweitert oder modernisiert, während zahlreiche Neubauten entstanden. Dabei veränderte sich der Innenstadtbereich erheblich, wozu u. a. das neue Courierhaus beitrug, das den Gänsemarkt prägte. Das 1951 am Teich errichtete Kaufhaus Hertie wie auch das „Café Bracker“ am Eingang zum Rencks Park erzielten dieselbe Wirkung. Zugleich verschwanden jetzt die zahlreichen Baracken entlang des Großfleckens und des Kuhbergs, die dort zunächst als provisorische Geschäfte gedient hatten.

Auch das öffentliche Bauwesen erlebte eine Blütezeit. Unter anderem konnte man den Wiederaufbau der 1944 zerstörten Anscharkirche 1951 nach dreijähriger Bauzeit mit Erfolg abschließen. Besonders eindrucksvoll geriet das 1962 errichtete Behördenhochhaus in der Bahnhofstraße, das bereits durch seine Höhe den Vorplatz des Hauptbahnhofes dominierte. Damit trug dieses Gebäude ebenfalls zur Neugestaltung der Innenstadt bei.

Diese erfolgreiche Entwicklung führte aber auch dazu, dass man in Neumünster zunehmend auf einen zwar durchaus klaren, aber einförmig erscheinenden Baustil zurückgriff, was die große Zahl an Neubauten noch betonte. Entscheidend war jetzt eine rasche und preiswerte Durchführung der Bauvorhaben, während eine abwechslungsreiche und harmonische Gestaltung des Stadtbildes wie auch die Detailgestaltung der Gebäude zweitrangig erschienen.

Diese um 1951 gemachte Aufnahme zeigt einen Blick von der Rathausseite des Großfleckens zur Anscharkirche, deren Wiederaufbau in diesem Jahr abgeschlossen war. Die Trümmer sind zwar beseitigt, aber es gibt noch immer große Baulücken. In den Lücken hat man Baracken als provisorische Läden errichtet.

Diese Luftaufnahme von 1966 zeigt den Teich und seine Umgebung. Im linken Bildzentrum sieht man das Kaufhaus Karstadt, auf dessen Dach sich ein Kundenparkplatz befand. Das Kaufhaus Hertie ist im rechten unteren Bildviertel sichtbar. Rechts oben sind die Klosterinsel und der Rencks Park zu erkennen.

Der Neubau des 1945 zerstörten Courierhauses am Gänsemarkt war ein Symbol für den Wiederaufbau in Neumünster. Am 7. April 1950 konnte die Redaktion hier einziehen, es folgten noch mehrere Modernisierungen. Das Foto zeigt den Bauzustand um 1955. Rechts sieht man die damals noch offene Kaiserstraße.

Auch nach dem Wiederaufbau erfolgten weitere Baumaßnahmen am Großflecken, um den sich rasch verändernden Verkehrsbedingungen zu genügen. Diese um 1970 veröffentlichte Ansichtskarte vermittelt einen guten Eindruck der neu gestalteten Innenstadt. Der gebührenpflichtige Parkplatz wurde 1960 angelegt.

Neben dem AEG-Betriebsgelände an der Goethestraße entstand 1957 der Berliner Platz, der an das Schicksal der ehemaligen Reichshauptstadt erinnern sollte. Die Ausgestaltung des Platzes und die Errichtung des Berlin-Gedenksteines übernahm die AEG, deren Hauptsitz sich früher in Berlin befunden hatte.

Der Kantplatz bildet bis heute das Zentrum der Hans-Böckler-Siedlung. Um einen funktionsfähigen Stadtteil zu schaffen, förderte man gezielt die Entstehung einer lokalen Infrastruktur. Das undatierte Foto zeigt jenes Gebäude, in dem sich das Polizeirevier, das Postamt und mehrere Geschäfte befanden.

Trotz vieler Neubauten fand man noch lange Zeit Bereiche im Stadtgebiet, die sich einen kleinstädtischen oder sogar dörflichen Charakter bewahrt hatten. Diese im Oktober 1961 entstandene Aufnahme ist dafür ein gutes Beispiel. Sie zeigt Wohnhäuser in der Plöner Straße, die sogar Fachwerk aufweisen.

Das 1927/28 errichtete Landhaus Sager in der Carlstraße 169 repräsentierte auch weiter die Villenarchitektur unserer Stadt. Nach 1945 befand sich hier ein britisches Offizierskasino, später wurden darin ein Lehrlingswohnheim und das Kinderheim Haus Sonnenland eingerichtet. Das Foto stammt aus dem Jahr 1962.

Die Lütjenstraße diente weiterhin als kürzeste Verbindung zwischen Groß- und Kleinflecken. Angesichts des zunehmenden Autoverkehrs war sie aber schließlich zu eng, um ein gefahrloses Passieren der Fußgänger zu gewährleisten. 1973 wandelte man sie daher in die erste Fußgängerzone unserer Stadt um.

Die Luftangriffe des Zweiten Weltkrieges hatten den Kuhberg schwer getroffen, doch begann man schon bald mit dem Wiederaufbau. Als Verbindung zwischen dem Großflecken und dem Hauptbahnhof prägte diese Geschäftsstraße das Bild von Neumünster, wie die Ansichtskarte aus der Zeit um 1960 verdeutlicht.

Die vom Kantplatz ausgehende Breslauer Straße war zunächst nur für Flüchtlingsfamilien vorgesehen. Auf diesem wohl um 1970 entstandenen Foto fallen die vielen Fernsehantennen auf. Sie lassen sich als Zeichen für die gelungene Integration der Flüchtlinge in die Neumünsteraner Sozialstruktur werten.

Die Anfang der Fünfzigerjahre errichtete Kock-Siedlung trug ebenfalls zur Überwindung der Wohnungsnot bei. Erstmals fand dabei in Neumünster der Bautyp des Laubenganghauses Verwendung, so wie hier im Steinkamp. Die gleichmäßige Gestaltung bewirkte ein einheitliches, aber auch klares Straßenbild.

Das Ansteigen der Einwohnerzahl und die Expansion der Wirtschaft führten zu zahlreichen Neubauten, die das Stadtbild stark veränderten. 1960 ließ beispielsweise das Autoreifengeschäft Klaus Grassau, bisher in der Christianstraße 62 ansässig, ein neues Geschäftshaus in der Kieler Straße 142 errichten.

An die Stelle der herkömmlichen Baustile traten sachliche Formen, die einen schnellen und kostengünstigen Bau ermöglichten. Dieses 1960 in der Kieler Straße 220 errichtete Gebäude der auf Autobeleuchtungen spezialisierten Firma Ewald Hass zeigt eine solche Formgebung, die oft auch auf Kritik stieß.

Der Bahnhofsvorplatz erlebte eine weitgehende Neugestaltung, wie dieser 1960 anstelle des „Bahnhofhotels" errichtete Neubau Kuhberg 6 zeigt. Sachlich konzipiert, nutzte der Architekt Fritz Busch das schmale Grundstück gut. Fünf Läden und vierzig Einzimmerwohnungen fanden in dem Gebäude Platz.

Das Gebäude Bahnhofstraße 9/11, bekannt als Behördenhochhaus, wurde 1962 errichtet. Obwohl es ein nüchterner Zweckbau ist, prägt es durch seine Höhe den Bahnhofsvorplatz. Für die Architektur der Sechzigerjahre kann man es als zeittypisch ansehen. Genutzt wird das Behördenhochhaus vom Finanzamt.

Von der Wobau als Ledigenwohnheim in der Beethovenstraße errichtet, galt das Haus Wippendorf als erstes Hochhaus unserer Stadt. Aufgrund zu geringer Höhe war das aber nicht ganz korrekt. Für die Fünfzigerjahre ist die Gestaltung trotzdem beispielhaft. Grünanlagen ergänzten das äußere Bild später.

1938 als Viehversteigerungshalle gebaut und im Krieg als Montagehalle verwendet, nutzten die Briten seit 1945 die Holstenhalle als Werkstatt. Ab 1950 wieder für Veranstaltungen und Messen verfügbar, erweiterten Anbauten die Hallenfläche. 1956 fand hier erstmals die Fachausstellung NordBau statt.

Die Künstlerin Ursula Hanke-Förster schuf 1966 die Bronzeplastik „Spinnerin", mit der sie in abstrahierender Form die Textiltraditionen Neumünsters darstellte. Das Werk fand seinen Platz an dem Weg zur Klosterinsel, der vom Großflecken ausgeht. Hier wurde es zu einem der Blickpunkte im Stadtzentrum.

Seit 1970 steht am Teich die von Rolf Goerler aus Aluminium gefertigte Plastik „Ineinandergreifende Formen". Gesponsert von der Stadtsparkasse, drücken Gestaltung und Material dem Künstler zufolge die Beziehung zur Industriestadt aus. Der Volksmund bezeichnet die Plastik als „Fisch" oder „Knoten".

1970 erfolgte die Eingemeindung von Einfeld, das seit dem 19. Jahrhundert zum Einzugsbereich von Neumünster gehörte. Der Einfelder See diente seither als Naherholungsgebiet; viele Neumünsteraner ließen sich überdies hier nieder. Diese Ansichtskarte von 1963 zeigt die Kirche, die Schule und den See.

Auch Gadeland wurde 1970 eingemeindet, nachdem die Gemeindestruktur sich bereits lange nach Neumünster ausgerichtet hatte. Diese Ansichtskarte von 1964 zeigt die Kirche, das Ehrenmal der Gefallenen, das Gemeindehaus mit der benachbarten Schule sowie das Textilien-, Kurz- und Schreibwarengeschäft Daschner.

4

Die Infrastruktur

Vielleicht der Hauptgrund für die alliierten Luftangriffe auf Neumünster war die Bedeutung unserer Stadt für den norddeutschen Eisenbahnverkehr. Von hier aus gab es Verbindungen nach Hamburg, Kiel, Rendsburg, Ascheberg-Plön und Bad Oldesloe. Hinzu kam das überregionale Ausbesserungswerk zur Wartung und Reparatur von Waggons. Vor allem die Luftangriffe am 7. und 13. April 1945 führten zu schwersten Zerstörungen an den Bahnanlagen. Der Betrieb musste vollkommen eingestellt werden.

Da die Zerstörung der deutschen Bahnanlagen den Gütertransport in der britischen Besatzungszone blockierte, war eine Versorgung der Bevölkerung ebenso unmöglich wie der Beginn des Wiederaufbaus. Die Militärregierung erkannte dieses Problem und leitete in Kooperation mit deutschen Experten die erforderlichen Maßnahmen ein. Neumünster diente dabei als Ausgangspunkt für die Streckeninspektionen. Priorität kam auch dem Wiederaufbau des Ausbesserungswerkes und des Hauptbahnhofes zu.

Aufgrund des Erfolges dieser Maßnahmen behielt Neumünster weiterhin den Status eines Zentrums für den Bahnverkehr, zumal dieser noch bis in die Sechzigerjahre das wichtigste Transportmittel für Güter und Passagiere blieb. Dann wirkte sich allerdings die zunehmende Motorisierung des Straßenverkehrs negativ auf die Bahn aus. Die Passagierzahlen gingen zurück, während LKW den Gütertransport übernahmen.

Innerhalb Neumünsters bemühte man sich um den Aufbau eines modernen öffentlichen Nahverkehrs, doch wurde dieser lange Jahre durch juristische Streitigkeiten zwischen verschiedenen Betreibern und der Stadt behindert. Erst 1956 konnten die Verkehrsbetriebe Hamburg-Holstein AG diese Aufgabe übernehmen, den Fuhrpark modernisieren und die Linienführung erweitern. Auf dem Großflecken und auf dem Bahnhofsvorplatz entstanden zwei zentrale Bushaltestellen, die jeweils das südliche und das nördliche Stadtgebiet abdeckten.

Aufgrund der zunehmenden Motorisierung verlor der öffentliche Nahverkehr aber an Bedeutung. Der eigene PKW wurde zunächst zu einem Statussymbol, dann zur Normalität und schließlich zur Notwendigkeit. Die damit verbundenen Probleme wie der Mangel an Parkmöglichkeiten, fortwährende Staus und eine Zunahme der Verkehrsunfälle führten schließlich zu der Forderung nach einer „autogerechten Stadt". Auch in Neumünster wurden deshalb die Straßen modernisiert und ausgebaut. Da das Konzept der „autogerechten Stadt" eine direkte Anbindung an die Autobahnen verlangte, kam es 1970 zum Ausbau der Rendsburger Straße als Zubringer zur A7.

Angesichts der zahlreichen Maßnahmen zur Verkehrsförderung gerät oft in Vergessenheit, dass zugleich ein Ausbau der städtischen Kanalisation erfolgte. Erst 1962 stand für das gesamte Stadtgebiet ein solches System zur Verfügung. Bis dahin war in den äußeren Stadtteilen der „Scheetkutscher" noch ein alltäglicher Anblick.

Die Wiederherstellung des durch Luftangriffe schwer getroffenen Schienennetzes hatte höchste Priorität, um die Lebensmittel- und Kohlelieferungen sicherzustellen. Von Neumünster aus unternahmen britische und deutsche Experten Inspektionsfahrten durch Schleswig-Holstein, so wie hier am 20. November 1946.

Die Bahnanlagen des wichtigen Eisenbahnknotenpunktes Neumünster wurden am 7. und 13. April 1945 durch zwei Luftangriffe vollkommen zerstört. Hier sieht man den Lokschuppen und den Drehkranz am 3. August 1945. Wartungs- und Reparaturarbeiten waren nicht mehr möglich.

Der Wiederaufbau des Eisenbahnausbesserungswerkes wurde ebenfalls mit Priorität vorangetrieben. Am 20. November 1946 trafen sich daher in Neumünster deutsche und britische Experten, um das Gelände zu besichtigen und um über die Schwierigkeiten bei der Lieferung von Baumaterial zu konferieren.

Zum Zeitpunkt der Konferenz am 20. November 1946 war der Lokschuppen des Eisenbahnausbesserungswerkes bereits wieder betriebsfähig, wovon sich die Experten überzeugten. Da dies die Instandhaltung der Lokomotiven erleichterte, kam der Fertigstellung des Gebäudes eine direkt symbolhafte Bedeutung zu.

Die weiteren Wiederaufbaumaßnahmen an den Bahnanlagen in Neumünster liefen zügig voran. Mit der Sicherstellung des Schienenverkehrs für den Gütertransport trug man zur Überwindung der kritischen Versorgungslage bei. Am 24. Juni 1947 besichtigten Mitarbeiter des Arbeitsamtes die Bauarbeiten.

Trotz eines Zerstörungsgrades von 98 % verlief der Wiederaufbau des Bahngeländes in Neumünster erfolgreich, wie diese 1955 entstandene Aufnahme zeigt. Die Anlagen wurden sogar noch erweitert. Im Bildzentrum sieht man die Bekohlungsstation für die damals verwendeten Dampflokomotiven.

Angesichts der Wichtigkeit des Schienenverkehrs kam dem Eisenbahnausbesserungswerk auch weiterhin große Bedeutung zu. Gut ausgebildete Fachkräfte waren in den weitläufigen Hallen ständig damit beschäftigt, Personenwaggons zu warten und zu reparieren. Diese Aufnahme entstand vermutlich um 1960.

Dampflokomotiven waren noch lange Zeit für den Schienenverkehr unentbehrlich. Auf den Strecken in Schleswig-Holstein ersetzte man sie schließlich durch Dieselloks, ehe hier ab 1995 das Schienennetz elektrifiziert wurde. Diese 1960 in Neumünster aufgenommene Dampflok bietet einen klassischen Anblick.

Aufgrund der Wichtigkeit von Neumünster für den Eisenbahnverkehr kam dem Wiederaufbau des Hauptbahnhofes große Bedeutung zu. Zweckmäßigkeit hatte dabei den Vorrang vor stilistischen Feinheiten, wie diese um 1960 entstandene Aufnahme zeigt. Trotzdem erfüllte der Hauptbahnhof lange Jahre seine Aufgaben.

Da der Hauptbahnhof nicht mehr den Anforderungen entsprach, erfolgte 1974 der Abriss. An seiner Stelle entstand eine moderne Anlage, die man hier nach ihrer Einweihung im Jahre 1977 sieht. In dem achteckigen Turm, der bald ein Wahrzeichen der Innenstadt wurde, befindet sich die Bahnhofsverwaltung.

Bis 1953 war der Südbahnhof die Endstation für die Personenzüge der AKN (Altona-Kaltenkirchener Eisenbahn), sodass Reisende von hier aus mit Bussen und Taxen zum Hauptbahnhof fahren mussten. Als man die Gleisanlage für den Personenverkehr freigab, stellte das eine große Erleichterung dar. Dieses Foto des Südbahnhofes entstand 1962.

Die Verkehrsbetriebe Hamburg-Holstein übernahmen 1956 den öffentlichen Nahverkehr mit Omnibussen. Im selben Jahr wurde auf dem Großflecken der Zentral-Omnibus-Bahnhof eingerichtet, dessen Pavillon lange Zeit ein Merkmal der Innenstadt war. Manche Busse verfügten damals noch über einen Anhänger.

Die Modernisierung des Fuhrparks war ein weiteres Anliegen der Verkehrsbetriebe Hamburg-Holstein. Daher erfolgte 1956 die Anschaffung zweier Omnibusse von Mercedes, die mit Funk und Automatiktüren dem neuesten technischen Standard entsprachen. Einer der Busse unternimmt hier gerade eine Probefahrt.

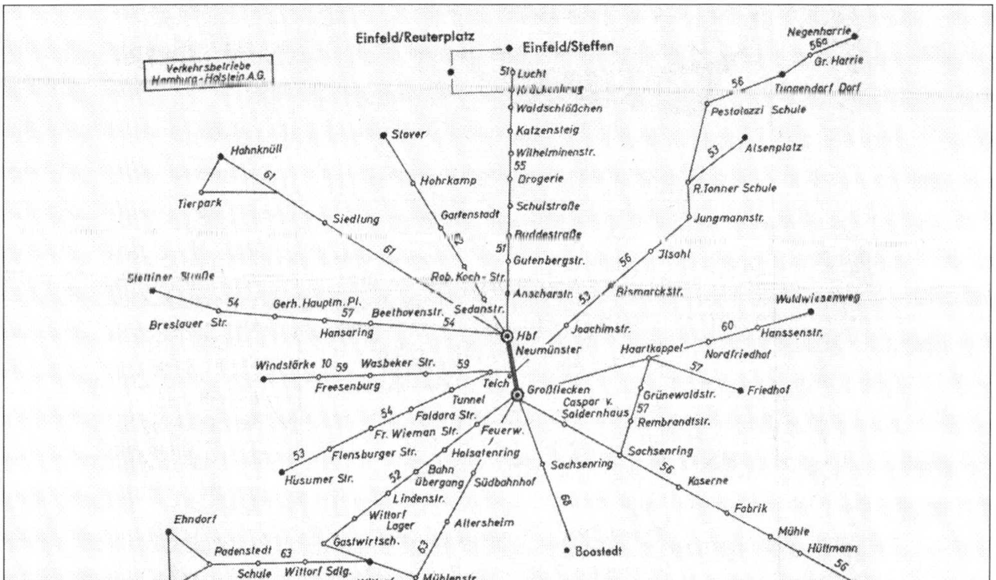

Dieser Streckenplan von 1970 zeigt die Buslinien der VHH in Neumünster. Deutlich sichtbar wird die Bedeutung der Haltestellen am Hauptbahnhof und auf dem Großflecken, die das Zentrum des Stadtverkehrs bildeten. Gadeland, Boostedt, Ehndorf und Arpsdorf ließen sich ebenfalls mit der VHH erreichen.

Dieser im März 1960 aufgenommene Mercedes, ein Dienstwagen der Stadt, ist ein Symbol des Wirtschaftswunders. Die Ansprüche auf eine individuelle Mobilität im Straßenverkehr stiegen damals fortwährend. Neben dem Wagen steht Arthur Richter, der lange Jahre als Fahrer der Stadtverwaltung tätig war.

Angesichts der fortschreitenden Motorisierung orientierte sich die moderne Stadtplanung lange Zeit an der Idee einer autogerechten Stadt. Auch in Neumünster erfolgte daher ein Ausbau der Verkehrswege. Häufig stieß man auf Straßenarbeiten und Umleitungen, so wie hier 1970 in der Straße Am Neuen Kamp.

Am 17. September 1951 eröffnete man die verbreiterte Durchfahrt des Kuhbergs und des westlichen Großfleckens sowie den Neubau der Kieler Brücke. Zahlreiche Einwohner kamen zu der Feier, bei der Oberbürgermeister Lehmkuhl die 900 Meter lange Straßenführung als „Visitenkarte der Stadt“ bezeichnete.

Die zunehmende Motorisierung erforderte auch eine flächendeckende Versorgung mit Kraftstoff. Vor allem die Ölkonzerne eröffneten daher zahlreiche neue Tankstellen. Beinahe typisch dafür war diese Einrichtung von Shell in der Rendsburger Straße. 1971 gab es in Neumünster 42 Tankstellen.

Das steigende Verkehrsaufkommen erschwerte es Passanten, den Großflecken gefahrlos zu überqueren. 1968 wurde daher der Fußgängertunnel angelegt, um eine sichere Verbindung zu schaffen. Schaukästen dienten hier für Werbezwecke. 1988 schüttete man den Tunnel bei einer erneuten Umgestaltung der Innenstadt zu.

Die Motorisierung des Straßenverkehrs erforderte in den Wintermonaten große Anstrengungen, um die Verkehrswege offen zu halten. Hier ist im Dezember 1960 ein Räumfahrzeug der Stadt dabei, die Wasbeker Straße von Schnee zu räumen. Um die Bildung von Glatteis zu verhindern, wurde damals Salz gestreut.

Die individuelle Mobilität hatte auch Probleme zur Folge. Staus blockierten die Straßen, während es an Parkraum mangelte. Neumünster bildete dabei keine Ausnahme. Der Großflecken entwickelte sich zum Parkplatz, auf dem die PKW im Januar 1960 bereits in bis zu drei Reihen hintereinander standen.

Im Marz 1960 wurden am Kuhberg, Großflecken und Gänsemarkt sowie an der Ecke Fabrik-/Wasbeker Straße die ersten Parkuhren aufgestellt. Hierdurch sollten die Parkplätze in den Geschäftsstraßen möglichst vielen Kunden zur Verfügung stehen. Dreißig Minuten Parkzeit kosteten 0,10 DM, eine Stunde 0,20 DM.

Die steigende Bedeutung des Autos erhöhte auch die Wichtigkeit der Autobahnen. 1970 wurde deshalb die Rendsburger Straße ab der Holstenhalle als neuer Zubringer zur A7 ausgebaut, um die Anbindung der Stadt an den überregionalen Verkehr zu fördern. Hier sieht man die Strecke kurz vor der Eröffnung.

Die 1901 begonnene Anlage einer das gesamte Stadtgebiet umfassenden Kanalisation schloss man erst 1962 ab. Bis dahin holte in den Randgebieten der „Scheetkutscher" die Fäkalieneimer ab. Hier erfolgten im Mai 1961 Arbeiten an der Kanalisation für den Bereich der Wasbeker Straße und des Hansaringes.

5

Industrie, Handel und Gewerbe

Die Luftangriffe hatten auch die in Neumünster ansässigen Industriebetriebe schwer getroffen, wobei nur sieben der insgesamt 22 Betriebe den Krieg ohne größere Schäden überstanden. Dem raschen Wiederaufbau der Industrie kam deshalb eine hohe Priorität zu. Dabei lag der Schwerpunkt zunächst auf den Textil- und Lederwerken, denn sie bildeten die wichtigsten Wirtschaftszweige unserer Stadt. Diese Anstrengungen zeigten auch den gewünschten Erfolg, sodass beide Bereiche in der Folge eine neue Blütezeit erlebten.

Daneben wurde auch versucht, neue Betriebe nach Neumünster zu holen. Bereits Anfang der Fünfzigerjahre ließen sich u. a. die AEG, Maris, die Neumag, die NWBM, Liedtke & Bollmeyer sowie die Phrix-Werke hier nieder. Sie verzeichneten eine besonders positive Entwicklung. Nachdem 1950 bereits wieder 9.700 Personen in der Industrie beschäftigt waren, stieg ihre Zahl bis 1961 auf etwa 13.000 Mitarbeiter.

Die Industrie bildete die Grundlage für die gesamte Wirtschaft unserer Stadt, sowohl für den Handel wie auch für das Gewerbe. Dabei bewiesen die ansässigen Geschäfte ein hohes Maß an Flexibilität, indem sie beispielsweise versuchten, die in Neumünster stationierten Briten als Kunden zu gewinnen.

Bald waren aber auch Entwicklungen zu beobachten, die auf eine Veränderung der bisherigen Wirtschaftsstruktur hindeuteten. Dazu gehörte die Eröffnung einer Hertie-Filiale, die mit dem bereits bestehenden Kaufhaus Karstadt konkurrierte. Der Einzel- und Lebensmittelhandel sah sich der immer stärker werdenden Konkurrenz durch bundesweite Supermarktketten ausgesetzt, die allmählich die klassischen Familienbetriebe zu verdrängen begannen.

Für die Kunden bedeutete die Zeit des Wirtschaftswunders, dass sie wieder die Auswahl unter einem breiten Warenangebot hatten. Um ihr Interesse zu finden, mussten Handel und Gewerbe sich verstärkt an ihren Wünschen und Bedürfnissen orientieren. Eine systematische Marktforschung und zielgruppenorientierte Werbung wurde jetzt zur Notwendigkeit im wirtschaftlichen Konkurrenzkampf.

Die erneute Blüte der Neumünsteraner Industrie endete gegen Mitte der Sechzigerjahre aufgrund einer Strukturkrise der deutschen Textil- und Lederindustrie. Verschärft wurde die jetzt einsetzende Krise durch einen bundesweiten Konjunktureinbruch in den Jahren 1966/67. Zwischen 1964 und 1967 mussten daher zahlreiche traditionsreiche Betriebe schließen. Die Lederindustrie hörte damit auf zu bestehen, während die noch verbliebenen Textilunternehmen sich nur durch Kurzarbeit und Entlassungen retten konnten.

In der Folge gab es weitreichende Veränderungen der Wirtschaftsstruktur, die begünstigt wurden durch eine rechtzeitige Erschließung von neuen Industriegebieten. Bis 1970 erreichte man wieder eine Vollbeschäftigung, was in erster Linie auf die Schaffung von zahlreichen neuen Arbeitsplätzen im Dienstleistungsbereich zurückging.

Nach dem Wiederaufbau erlebte die Neumünsteraner Textilindustrie noch einmal eine Hochkonjunktur. 1955 waren etwa 4.800 Mitarbeiter in zwölf Fabriken tätig, bevor 1957 aufgrund ausländischer Konkurrenz der Abschwung begann. Diese Kettschärerei wurde zu Beginn der Fünfzigerjahre aufgenommen.

1947 gründete der Fabrikant Werner Wolf in der Ringstraße 2–14 die Tuchfabrik W. Wolf KG, nachdem er als Flüchtling Guben/Neiße verlassen hatte. Der Betrieb produzierte Kammgarn und hochwertige Paletotstoffe. Lange Zeit erfolgreich, musste die Firma aber 1964 schließen. Hier sieht man die Fabrik um 1960.

Auch die 1907 gegründete Kokos- und Haargarn-Spinnerei und Weberei Heinrich Westphalen in der Altonaer Straße 140–146 verzeichnete zu Beginn der Fünfzigerjahre einen Aufschwung. Das Foto zeigt eine Teppichweberei des Betriebes während dieser Zeit. 1960 musste das Werk dann aber geschlossen werden.

Um den Fachkräftebedarf zu decken, beschäftigte die Bekleidungsfabrik Marsian seit 1964 Schneiderinnen aus Finnland. Als Absolventinnen einer Fachschule in Helsinki waren sie ausgezeichnet qualifiziert. Hier posieren drei der Damen sogar vor der Kamera. Etwa 20 Finninnen blieben in Neumünster.

Trotz der Strukturkrise, die spätestens seit 1964 die deutsche Textilindustrie belastete, versuchte man, sie zu erhalten. 1970 fand daher in der Textilfachschule eine Textil-Sonderschau statt, um ihre Leistungsfähigkeit zu demonstrieren. Hier betrachten Besucher die dazu ausgestellten Objekte.

Die von zwei jüdischen Unternehmern gegründete Lederfabrik Adler & Oppenheimer wurde von den Nationalsozialisten „arisiert" und in Norddeutsche Lederwerke AG umbenannt. 1949 gab es einen Vergleich mit den Inhabern, sodass der Betrieb noch bis 1964 erfolgreich war. Diese Ansicht von 1960 zeigt die Betriebsgebäude.

Seit 1947 bestand in Neumünster ein Betrieb der AEG, der als Ersatz für eine in Ostdeutschland verlorene Anlage diente. Auf dem 28.000 Quadratmeter großen Firmengelände entlang der Goethestraße waren 1.700 Personen beschäftigt. Diese moderne Werkhalle wurde während der Fünfzigerjahre aufgenommen.

Die AEG expandierte weiter, bis sie das größte Industrieunternehmen in Neumünster war. Zu diesem Zweck entstanden ein Anbau am Berliner Platz sowie ein Neubau auf der anderen Seite der Goethestraße. Etwa 25 % der in unserer Stadt von der AEG produzierten elektrischen Anlagen gingen in den Export.

1948 ließ sich die Nordwestdeutsche Bau- und Montage-GmbH (NWBM) in Neumünster nieder. Im Stahl- und Rohrleitungsbau tätig, beschäftigte sie 1963 etwa 500 Mitarbeiter. Ständig war die Hälfte von ihnen auf Montage im ganzen Bundesgebiet unterwegs. Das Foto zeigt die Krananlage der Stahlbauhalle.

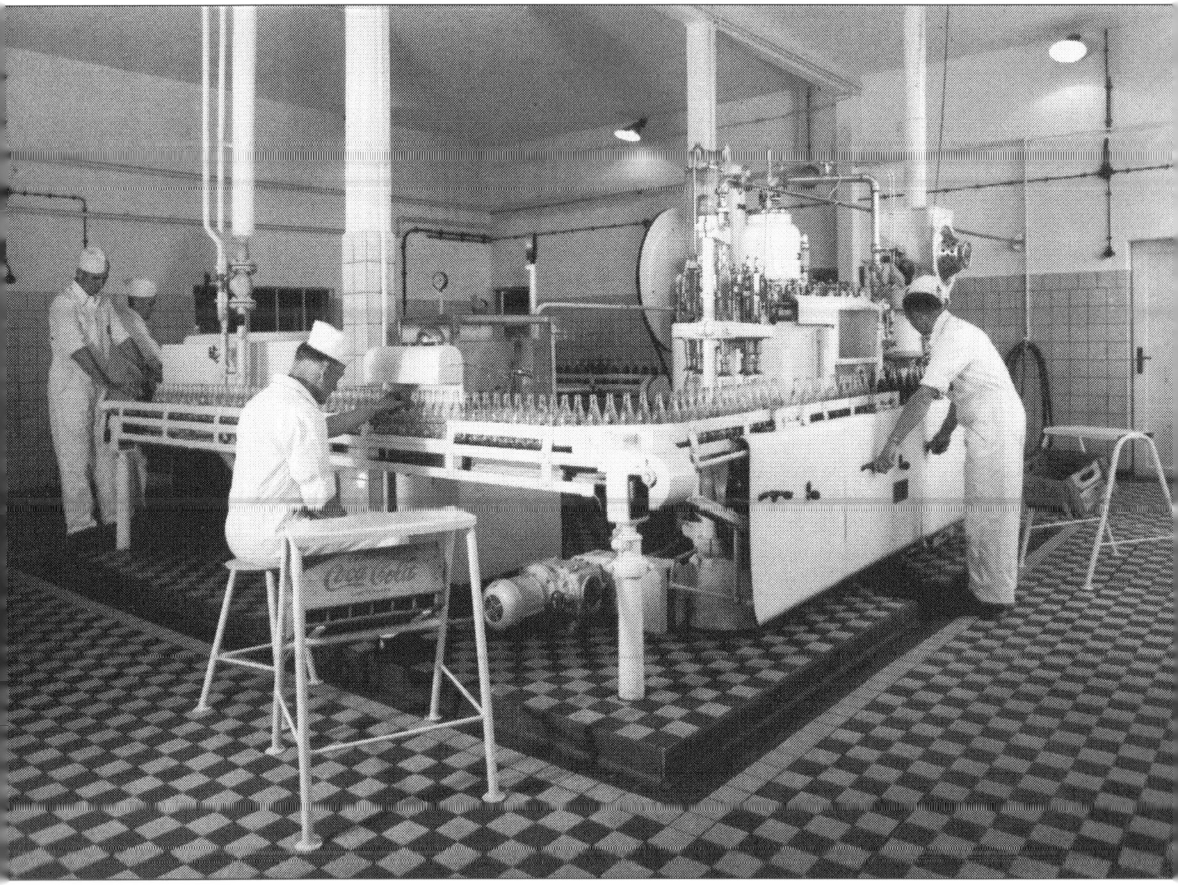

Zu den Neuansiedlungen unter den Neumünsteraner Industriebetrieben gehörte die Bauco-Getränke GmbH, deren Werk sich in der Gutenbergstraße 50/56 befand. Sie gehörte zu den deutschen Produktionsstätten für Coca-Cola, wie man unschwer erkennt. Der „American Way of Life“ kam damit auch in unsere Stadt.

Die 1925 gegründete Eisengießerei Herm. Stock & Co. in der Rendsburger Straße wurde 1945 durch einen Luftangriff zerstört, doch erfolgte bald der Wiederaufbau. Zu ihren Kunden gehören seither Maschinenfabriken in ganz Norddeutschland. Dieses 1970 aufgenommene Foto zeigt die Arbeit in der Gießerei.

Die Strukturkrise der deutschen Leder- und Textilindustrie wirkte sich auch auf Neumünster aus. Seit 1964 mussten zahlreiche alteingesessene Betriebe dieser Branchen schließen. Der am 21. Januar 1971 erfolgte Teilabriss der früheren Tuchfabrik Ulrich in der Kaiserstraße ist dafür beinahe ein Symbol.

1949 erschien wieder der „Holsteinische Courier", jedoch wurde die Zeitung zunächst noch in Bad Segeberg gedruckt. Erst 1950 liefen in dem neuen Courier-Haus am Gänsemarkt die Rotationsmaschinen an, um die Einwohner mit einer Tageszeitung zu versorgen. Hier sieht man die Druckmaschinen um 1955.

In den Fünfzigerjahren gab die Arbeitsgemeinschaft Werkbriefe für Neumünsteraner Unternehmen Werkszeitschriften heraus. Sie dienten der Eigenwerbung und zur Einbindung der Mitarbeiter in den Betrieb. Diese Ausgabe des „Ansagers" für die Tuchfabrik C. Sager Söhne & Co. erschien im November 1954.

Die 1891 eröffnete Karstadt-Filiale wurde 1944 durch einen Luftangriff zerstört. Nach Kriegsende erfolgte im Kuhberg 47 der Wiederaufbau des Gebäudes, das hier Mitte der Fünfzigerjahre zu sehen ist. 1956 beschäftigte die Filiale, deren Verkaufsfläche sich auf 1.855,6 Quadratmeter belief, 195 Mitarbeiter.

Konkurrenz erhielt Karstadt in Neumünster durch die am 2. November 1951 eröffnete Filiale des Kaufhauskonzerns Hertie. Das Hertie-Haus, hier auf einer um 1955 veröffentlichten Ansichtskarte, prägte mit seiner klaren und sachlichen Formgebung den Bereich zwischen Großflecken, Teich und Kieler Brücke.

Als Verkehrsknotenpunkt bot Neumünster den Reisenden eine Vielzahl von Übernachtungsmöglichkeiten für kurz- und langfristige Aufenthalte. 1970 gab es in unserer Stadt 21 Hotels und ein Motel. Dazu gehörte auch „Horns Hotel" in der Gasstraße 3–4. Als diese Ansichtskarte 1972 erschien, wurde es von Erna Gerken betrieben.

Das 1898 eröffnete „Forsthaus" war ein bekanntes Ausflugsziel, in dem auch Konzerte, Vogelschießen und Tagungen stattfanden. Seit 1930 Eigentum der Stadt, betrieben es seither private Pächter. 1974 erfolgte der Abriss, als eine neue Straße gebaut wurde. Diese Ansichtskarte zeigt das „Forsthaus" um 1970.

Entlang des Baumschulenweges hatten sich die Baumschulen Schneede, Flor und Scheffler niedergelassen. Die Luftaufnahme zeigt das sogenannte Baumschulengebiet um 1960. Scheffler, gegründet nach 1945, wurde 1962 noch durch ein Café erweitert, das sich zu einem beliebten Ausflugsziel entwickelte.

Zahlreiche Geschäfte bezeugten den Erfolg des Wirtschaftswunders. Dieses um 1960 in der Christianstraße entstandene Foto ist dafür ein Beispiel. Hier findet man nebeneinander die „Eisdiele Karl Lehmann“, ein Uhren- und ein Fotogeschäft, die Schuhmacherei Walter Schütt und die Gaststätte „Oberbayern“.

Die veränderten Marktbedingungen führten zu einer Umstrukturierung des Einzel- und Lebensmittelhandels, um den Ansprüchen der Verbraucher zu genügen. Supermarktketten ersetzten die traditionellen Geschäfte, die oft im Familienbesitz waren. Dieser A&O-Supermarkt bestand 1970 in der Sudetenlandstraße.

Der „Lumpenkönig" Kakowski betrieb zu Beginn der Fünfzigerjahre ein damals noch weit verbreitetes Gewerbe: Mit einem Pferdewagen als Transporter sammelte er Lumpen und andere wiederverwertbare Abfälle, womit er das heutige Recycling vorwegnahm. Auf diesem 1950 entstandenen Foto wiegt er Lumpen ab.

Das Wirtschaftswunder ermöglichte den Kunden wieder die Auswahl unter einer Vielzahl qualitativ guter Produkte. Der Handel versuchte dabei mit zielgruppenorientierter Werbung das Kundeninteresse zu gewinnen. Ein gutes Beispiel dafür sind die hübsch dekorierten Schaufenster von Karstadt um 1955.

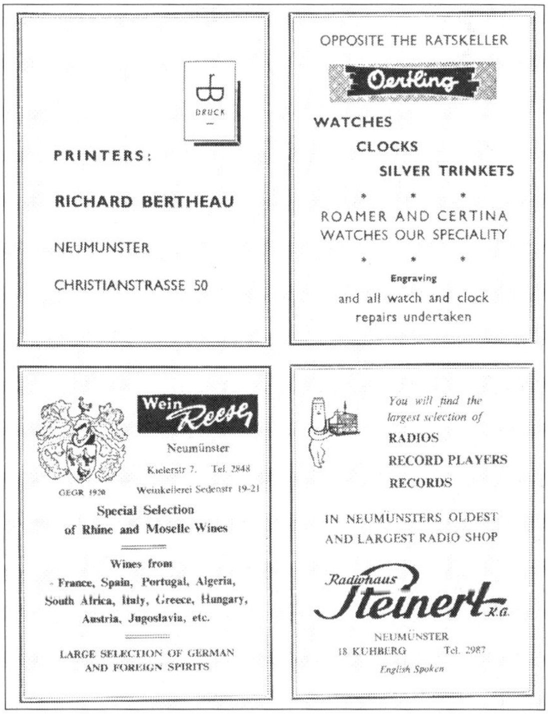

Rasch entdeckten Handel und Gewerbe unserer Stadt die in Neumünster stationierten Briten als neue Kundschaft. Die vier Werbeanzeigen erschienen 1957 im „Journal of the 13th/18th Royal Hussars“. Uhren, Radios, Schallplatten und Wein gehörten ebenso zum Angebot wie die Übernahme von Druckaufträgen.

Die Holstenbrauerei ließ das Bier an die Gastwirtschaften in Neumünster mit einem Pferdegespann ausliefern, um für ihre Produkte Werbung zu machen. Der gewünschte Effekt wurde auch erzielt, denn wohl jeder Einwohner kannte das Gespann, das hier am 14. Februar 1975 in der Plöner Straße unterwegs ist.

Bereits kurz nach Kriegsende wurden die Gewerkschaften wieder in Neumünster aktiv. 1953 errichteten sie in der Carlstraße das sogenannte Gewerkschaftshaus, das hier 1961 zu sehen ist. Um 1966 gehörten dem DGB-Kreis Neumünster-Segeberg 15 Industriegewerkschaften mit 14.600 Mitgliedern an.

6

Öffentliche Einrichtungen

Das Schulwesen unserer Stadt erlebte in den Fünfzigerjahren einen raschen Ausbau, als sechs neue Grund- und Hauptschulen, zwei weitere Realschulen, ein drittes Gymnasium und eine Sonderschule entstanden. Die Notwendigkeit für diese Baumaßnahmen bestand schon vor dem Zweiten Weltkrieg, aber nach 1945 war zusätzlich noch ausreichend Schulraum für die Kinder der Flüchtlinge zu schaffen.

Eine besondere Förderung erlebte auch das Berufsschulwesen. Bereits 1947 erfolgte die Gründung der Textilfachschule, der heutigen Theodor-Litt-Schule. Sie bot ihren Absolventen ein breites Feld an Ausbildungsmöglichkeiten in der Textilbranche, mit denen sie sich bald einen ausgezeichneten Ruf erwarb. 1954 gründete man die später in Elly-Heuss-Knapp-Schule umbenannte Bildungsanstalt für Frauenberufe. Hier ist eine umfassende Ausbildung in den sozial- und heilpädagogischen Berufsfeldern möglich.

Das 1944 durch einen Luftangriff zerstörte Museum Germanischer Altertümer wurde durch das Textilmuseum ersetzt, das 1961 in die Parkstraße zog. Aufgrund der hier mit großem Engagement durchgeführten Forschungen zur Textilkunde erlangte das neue Museum international einen hervorragenden Ruf.

Das Feuerlöschwesen beruhte in erster Linie auf der Berufsfeuerwehr, die durch die freiwilligen Feuerwehren der Stadtteile Unterstützung erhielt. Ein hoher Leistungsstand kennzeichnete beide Gruppen, wozu neben einer fundierten Ausbildung auch eine gute Ausrüstung mit Fahrzeugen und Gerät beitrug.

Ebenso von Bedeutung für die Sicherheit unserer Stadt war die Polizei, die sich in einem Verkehrsknotenpunkt wie Neumünster natürlich immer stärker mit den Auswirkungen des modernen Straßenverkehrs befassen musste. Die Justizvollzugsanstalt wiederum war eine Einrichtung, von der man nur selten hörte. Ihre Bekanntheit verdankte sie weiterhin dem Schriftsteller Hans Fallada, der hier von 1926 bis 1928 eine Haftstrafe verbüßte.

Gewöhnt an die moderne Telekommunikation fällt heute jungen Leuten der Gedanke schwer, dass Ferngespräche noch lange Zeit über eine Vermittlung laufen mussten. Ebenso seltsam erscheint es ihnen, dass die Bundespost zunächst noch Pferdefuhrwerke für den Paketdienst verwendete.

Das Caspar-von-Saldern-Haus, ein architekturhistorisches Schmuckstück unserer Stadt, wurde seit 1945 zunächst von den Briten benutzt. Später fand es dann als Jugendherberge Verwendung. Den Angehörigen der älteren Generation, die keinen eigenen Haushalt mehr führen konnten, standen das Ansgar- und das Vicelinstift offen. Das Kirchenwesen wurde durch die neue Kirchengemeinde Bugenhagen erweitert.

Die Grünanlagen im Innenstadtbereich boten eine nahegelegene und gerne genutzte Erholungsmöglichkeit. Eine neue Attraktion war der Tierpark Neumünster, den die 1950 gegründete Tiergartenvereinigung auf einem 16 Hektar großen Gelände am Stadtwald errichten ließ.

1947 wurde die Textilfach- und Ingenieurschule Neumünster gegründet, um den Nachwuchs für die Textilindustrie auszubilden. Sie bezog 1953 diesen Neubau in der Parkstraße, hier im Januar 1959 zu sehen. Später erweiterten sich die Aufgaben der sogenannten Textilfachschule durch neue Ausbildungsgänge.

Aufgrund ihrer fundierten Ausbildung erwarb sich die Textilfachschule einen sehr guten Ruf. Diese undatierte Aufnahme ist ein Beispiel für den praxisorientierten Unterricht. Neben Textilfachleuten und -ingenieuren wurden u. a. auch Bekleidungs- und Verfahrenstechniker ausgebildet.

Nach 1945 begann man, die Sammlungen des 1944 zerstörten Museums Germanischer Altertümer wieder aufzubauen. 1961 in Textilmuseum umbenannt, bezog es das renovierte Gebäude Parkstraße 17, das hier 1962 gezeigt wird. Für die Hauptabteilungen standen darin 600 Quadratmeter an Ausstellungsfläche zur Verfügung.

Schwerpunkte der Ausstellungen im Textilmuseum waren Nachbildungen von Kleidung aus der Bronze- und Eisenzeit, rekonstruierte Webgeräte sowie Handwebstühle. Aufgrund der engagierten Forschungsarbeiten von Rudolf Ullemeyer und Klaus Tidow erwarb sich das Museum international einen hervorragenden Ruf.

Nach 1945 wurde die Berufsfeuerwehr wieder der Stadt unterstellt. Beinahe klassisch ist diese Ansicht ihrer an der Wittorfer Straße gelegenen Feuerwache um 1965. Bei ihrem 50. Gründungsjubiläum am 1. Juli 1964 gehörten der Berufsfeuerwehr 49 Mann an, die in zwei Wachabteilungen organisiert waren.

1964 verfügte die Berufsfeuerwehr über drei Lösch- und zwei Tanklöschfahrzeuge, zwei Drehleiter-, einen Geräte-, einen Unfall- und einen Kommandowagen sowie zwei LKW, um den Brandschutz in einer Industriestadt sicherzustellen. Hier sind einige Fahrzeuge vor der Halle an der Schützenstraße zu sehen.

In den Kriegsjahren übernahm das DRK den Krankentransport, doch fiel diese Aufgabe nach 1945 wieder an die Berufsfeuerwehr. 1964 war sie dazu mit vier Spezial- und zwei Behelfskrankenwagen ausgerüstet. Einige dieser Fahrzeuge sind mit dem Unfallwagen hier auf dem Hof der Feuerwache vorgefahren.

Die veränderten Anforderungen des Brandschutzes verlangten eine moderne Ausrüstung. So wurden bei Industriebränden zunehmend Schaum-, Pulver- und Gaslöscher anstelle von Wasser eingesetzt. Durch Asbestanzüge geschützt nehmen die beiden Feuerwehrmänner 1970 an einer Übung in der Feuerwache teil.

In diesem Gebäude an der Ecke zur Parkstraße befanden sich 1973 das Polizeirevier Christianstraße 18 und die Kriminalpolizei Neumünster, die für die Sicherheit in unserer Stadt zuständig waren. 1976 eröffnete man an dieser Stelle das Park-Center, in dem auch die Polizei neue Räumlichkeiten bezog.

Dieses Foto einer Zelle in der Justizvollzugsanstalt Neumünster vermittelt einen guten Eindruck von den Haftbedingungen um 1956. Das Besteck hing an der Wand, die Pritsche wurde am Tage hochgeklappt, die Möblierung war kärglich. Zur Anstaltskleidung der Insassen gehörten Hosen mit breiten Streifen.

Trotz der zunehmenden Motorisierung des Straßenverkehrs verwendete die Deutsche Bundespost noch in den Fünfzigerjahren Pferdefuhrwerke für den Transport von Paketen. Die Aufnahme zeigt einen dieser Paketwagen auf dem Kuhberg. Schon bald ersetzte die Post aber ihre Fuhrwerke durch Kraftfahrzeuge.

Angesichts der modernen Kommunikation durch Handys, SMS und E-Mails wird häufig vergessen, dass die Vermittlung von Ferngesprächen früher noch manuell erfolgen musste. Dieses um 1955 aufgenommene Foto zeigt die Fernsprechvermittlung von Neumünster. Telefonistin war damals ein typischer Frauenberuf.

Um den Kindern aus dem Flüchtlingslager Ehndorfer Platz einen geregelten Unterricht zu bieten, richtete man dort 1946 in dieser Baracke eine Flüchtlingsschule ein. Nachdem 1954 die Falderaschule eröffnet worden war, nutzte die Hilfsschule II den Holzbau noch bis 1960. Das Foto stammt aus diesem Jahr.

Die 1947 in Falderaschule umbenannte Flüchtlingsschule konnte nur eine Notlösung sein. An der Ehndorfer Straße wurde daher der neue Schulbau errichtet, den man 1954 bezog. Damit endete auch die bisherige Funktion einer Flüchtlingsschule, denn die Falderaschule steht seither allen Kindern offen.

Die 1956/57 am Elchweg errichtete Hans-Böckler-Schule, eine Grund- und Hauptschule, wurde von den Kindern aus der neuen Hans-Böckler-Siedlung besucht. Für sie entfiel damit die Notwendigkeit weiter Schulwege. 1964 stellte man die von Georg Fuhg geschaffene Steinplastik „Rübezahl" bei der Schule auf.

Hervorgegangen aus der 1954 gegründeten Bildungsanstalt für Frauenberufe, bezog die Elly-Heuss-Knapp-Schule 1966 einen neuen Schulbau an der Carlstraße. Als Berufsfachschule bildet sie die Absolventen u. a. in den sozial- und heilpädagogischen Berufen aus. Das Foto zeigt die Schule 1972.

Um das Angebot an Gymnasien zu verbessern, errichtete die Stadt 1957/58 in der Mozartstraße die Immanuel-Kant-Schule. Sie erwarb sich rasch einen sehr guten Ruf. Das Foto von 1968 zeigt einen Blick entlang des D-Traktes über den Schulhof. Auf dem Rasen steht der Hahn, das Wahrzeichen der Schule.

Steigende Schülerzahlen führten Ende der Sechzigerjahre zu einem Raummangel an der Holstenschule, der den Unterricht stark beeinträchtigte. Am 5. September 1969 gab es deshalb einen Warnstreik der Schüler. 1971 wurden ein weiteres Schulgebäude mit neun Klassen und eine neue Turnhalle gebaut.

Der neue Trakt für die Holstenschule wurde 1971 an der Schützenstraße errichtet. Den damals üblichen Vorgaben nüchterner Zweckmäßigkeit entsprechend, kontrastierte er auffallend mit den alten Schulgebäuden. Bis 1977 folgten noch weitere Baumaßnahmen, darunter eine Erweiterung des Physikgebäudes.

Das Caspar-von-Saldern-Haus im Haart 28–32 wurde seit 1945 von der britischen Militärregierung genutzt, die 1947 zwei stilgerechte Anbauten errichtete. 1954 zog die Jugendherberge ein, die 70 Personen Unterkunft bot. Ihr folgte 1983 die Volkshochschule. Die Aufnahme der DJH entstand im Mai 1962.

1930 errichtete der Landesverein der Inneren Mission in der Roonstraße das Ansgarstift. Dabei handelte es sich nach dem Vicelinstift um das zweite Altenheim, das der Verein in Neumünster einrichtete. Diese Ansichten des Ansgarstifts stammen von 1961. Heute werden beide Stifte gemeinsam verwaltet.

1953 wurde die evangelische Kirchengemeinde Bugenhagen eingerichtet, um die Hans-Böckler- und die Helmut-Kock-Siedlung seelsorgerisch zu betreuen. Noch im selben Jahr baute der Kirchengemeindeverband am Kantplatz ein Gemeindezentrum. Das Foto zeigt die zu dem Zentrum gehörende Bugenhagen-Kapelle.

1964 wurde der Teichuferweg angelegt, eine Promenade, die einen Rundgang um den Teich ermöglichte. Zugleich verband er die Mühlenbrücke, den Kleinflecken und die Kieler Brücke miteinander. Die neuen Grünanlagen, hier auf einer Ansichtskarte von 1972, erfreuten sich schon bald großer Beliebtheit.

Die Schwale trennte den Rencks Park von dem Kaufhaus Karstadt. Diese 1970 veröffentlichte Ansichtskarte zeigt den rückwärtigen Anbau für die beiden Fahrstühle, mit denen die PKW der Kunden vom Hof zum Dachparkplatz transportiert wurden. Für Kinder war eine solche Fahrt stets ein Vergnügen.

Der Park bei der Textilfachschule bildet einen Teil der Grünanlagen, die den Innenstadtbereich auflockern. Spaziergänger, die Studenten der Fachschule und die Schülerinnen der benachbarten Klaus Groth Schule nutzen ihn seit jeher, um sich zu erholen. Das Foto der jungen Dame entstand im Mai 1960.

Der 1951 am Stadtwald eröffnete Tierpark Neumünster entwickelte sich rasch zu einem beliebten Ausflugsziel. Bereits 1959 verzeichnete man über 100.000 Besucher. Als besondere Attraktionen wurden auf dem Gelände ein Geestbauernhof, ein Streichelzoo, eine Zooschule und eine Jagdausstellung errichtet.

7

Die Garnison

Das Ende des Zweiten Weltkrieges bedeutete keineswegs das Ende der Garnison, denn die in unsere Stadt einrückenden britischen Truppen übernahmen jetzt die Kasernen. Zu den Einheiten, die zwischen 1945 und 1956 in Neumünster stationiert waren, gehörten seit 1953 die 13th/18th Royal Hussars (Queen Mary's Own), deren ruhmreiche Traditionen bis 1715 zurückreichten. Den Luftwaffenflugplatz belegte die Royal Air Force. Das Offizierskasino befand sich in der Carlstraße 169, einer repräsentativen Villa. Auch zahlreiche weitere Gebäude beschlagnahmten die Briten für ihre Zwecke, u. a. am Großflecken. Britische Truppen im Manöver oder bei der Parade gehörten bald zum Alltag in Neumünster.

Nachdem die Bundeswehr gegründet worden war, kam es 1956 wieder zur Einrichtung einer deutschen Garnison in Neumünster. Als erste Bundeswehreinheit rückte am 26. September 1956 das Panzerjägerbataillon 3 – das spätere Panzerbataillon 184 – in die Stadt ein, dem 1958 die Stäbe der 6. Panzergrenadierdivision und der Panzerbrigade 18 folgten. Weitere Einheiten, die nach Neumünster kamen, waren das Fernmeldebataillon 6, das Panzerbataillon 183, das Panzerartilleriebataillon 185 und die 4./Instandsetzungsbataillon 6.

Die NATO-Planungen wiesen Schleswig-Holstein und Hamburg eine besondere Priorität zu. Ein Vorstoß sowjetischer Verbände in dieses Gebiet hätte den Verlust der Nord- und Ostseehäfen und des Nord-Ostsee-Kanals, eine Bedrohung Dänemarks aus Richtung Süden sowie den Durchbruch des Gegners in die norddeutsche Tiefebene bedeutet. Frühzeitig erarbeiteten die NATO-Stäbe daher Pläne zur Verteidigung dieses Bereiches. Große Bedeutung kam dabei der 1958 aufgestellten 6. Panzergrenadierdivision zu, die in Schleswig-Holstein und Hamburg stationiert wurde. Gemeinsam mit britischen und dänischen Verbänden sollte sie dieses Gebiet verteidigen. Ihre Personalstärke betrug zunächst nur 4.000 Mann, stieg aber bis 1962 auf etwa 12.000 Soldaten an.

Rasch entwickelte sich ein positives Verhältnis zwischen unserer Stadt und der Bundeswehr, wozu der Katastropheneinsatz bei der Sturmflut von 1962 entscheidend beitrug. Viele Wehrpflichtige, die hier Dienst taten, blieben auch nach ihrer Entlassung mit Neumünster verbunden, wie Besuche, Freundschaften und sogar Heiraten zeigen.

Die Erinnerungen an die frühere Garnison erleichterten die Akzeptanz der Bundeswehr in Neumünster, obwohl diese bewusst auf alte Traditionen verzichtete. Das moderne Konzept des „Staatsbürgers in Uniform" überzeugte, wie die wachsenden Besucherzahlen bei öffentlichen Veranstaltungen zeigten.

Diese Anerkennung zeigte sich 1968 auf besondere Weise, als der damalige Divisionskommandeur, Generalmajor Gerd Niepold, Neumünster verließ, um das Kommando des III. Korps zu übernehmen. An seinem Abschiedsappell in der Hindenburg-Kaserne nahmen u. a. der schleswig-holsteinische Justizminister Gaul, der Hamburger Bürgermeister Drexelius und der Neumünsteraner Stadtpräsident Johannsen teil.

Die von 1953 bis 1957 in Neumünster stationierten 13th/18th Queen Mary's Own Royal Hussars hatten sich in vielen Schlachten ausgezeichnet. Ihre Paradeuniformen zogen das Interesse der Jugend auf sich. Der berühmteste Angehörige dieses Regimentes war Lord Baden-Powell, der die Pfadfinder begründete.

Nachdem 1945 britische Truppen in die Kasernen eingezogen waren, erhielten diese neue Namen. Die Hindenburg-Kaserne hieß seither McLeods-Barracks, während die Scholtz-Kaserne als St.-George-Barracks bezeichnet wurde. Das Foto zeigt eine Besichtigung, die wohl nach 1950 in den McLeods-Barracks stattfand.

Die Militärmusik der Briten klang für die Neumünsteraner Bevölkerung etwas exotisch, wie Karl Barlach notierte. Er verwies dabei vor allem auf die Dudelsackpfeifer. Hier werden 1950 während einer Besichtigung der britischen Garnison auch die angetretenen Trompeter und ihre Instrumente inspiziert.

Trotz ihrer bunten Paradeuniform handelte es sich bei den britischen Truppen um gut ausgebildete Soldaten. Ständige Übungen erhielten ihre hohe Kampfbereitschaft. Dieser Panzerspähwagen wurde 1955 während eines Manövers der Briten in der Innenstadt gegenüber dem Karstadt-Gebäude fotografiert.

Ob bei Paraden oder im Manöver, britische Soldaten waren bald ein gewohnter Anblick in Neumünster. Diese Briten bezogen 1955 während einer Übung Stellung an der B205. Die Wüstenspringmaus als Markierung zeigt, dass sie zur 7. Panzerdivision gehören, die in Nordafrika und in der Normandie kämpfte.

Nachdem die Bundeswehr in Neumünster wieder eine deutsche Garnison eingerichtet hatte, zogen die britischen Truppen 1957 ab. Hier entfernen Soldaten der 13th/18th Royal Hussars das Schild am Wachraum in der Hindenburg-Kaserne. Später wurde das Regiment in Malaya, Aden, Zypern und Nordirland eingesetzt.

Bereits in den Fünfzigerjahren verlangte die Komplexität der Panzer fortwährende Wartungsarbeiten an den Fahrzeugen. Dieses Foto aus dem Jahre 1958 zeigt Soldaten des Panzerjägerbataillons 3, das 1959 zum Panzerbataillon 184 umgegliedert wurde, beim technischen Dienst an Kampfpanzern des Typs M47.

Die Integration der Bundeswehr in die NATO bewirkte eine enge Zusammenarbeit mit den verbündeten Streitkräften. Das wurde im April 1961 aktiv verdeutlicht, als ein deutscher M47 mit einem Motorschaden in der Kieler Straße ausfiel. Seine Bergung erfolgte durch einen britischen Panzertransporter.

Die Wiedereinführung der Wehrpflicht wurde 1956 auch in Neumünster zwischen Befürwortern und Gegnern einer Westintegration kontrovers diskutiert. Trotzdem traten 1957 die ersten Wehrpflichtigen aus unserer Stadt ihren Dienst an. Zu ihnen gehörte Christian Hansen, der hier am Kasernentor begrüßt wird.

Die Akzeptanz der Bundeswehr in der Bevölkerung resultierte auch aus ihrer Beteiligung an öffentlichen Veranstaltungen. Eine solche Gelegenheit bot der jährliche Volkstrauertag. Hier legt 1959 eine Abordnung der Garnison im Heldenhain Kränze am Mahnmal für die Toten des Zweiten Weltkrieges nieder.

Die Hindenburg-Kaserne diente zur Unterbringung des Divisionsstabes der 6. Panzergrenadierdivision, sodass ihr eine besondere Bedeutung zukam. Das im Februar 1960 aufgenommene Foto zeigt den Bereich der Torwache. Den Wachdienst verrichtete man damals vorschriftsmäßig im Dienstanzug mit Stahlhelm.

In der Scholtz-Kaserne lag ab 1957 das Panzerjägerbataillon 3, das man 1959 in das Panzerbataillon 184 umwandelte. Das Foto zeigt die Torwache um 1974. Aus praktischen Gründen trug man nun zum Wachdienst den Kampfanzug. Wachhabender und Soldat sind daher beide mit der Panzerkombination bekleidet.

1971 erhielt die Panzertruppe schwarze Barette als Zeichen ihrer Truppengattung, was die Soldaten positiv aufnahmen. Kritisiert wurde aber die Liberalisierung der Vorschriften zur Haar- und Bartlänge. Das 1972 oder 1973 entstandene Foto zeigt, wie sich die Mode auf die äußere Erscheinung auswirkte.

Durch eine intensive Ausbildung, Truppenübungsplatzaufenthalte und Manöver erreichte die Panzerbrigade 18 einen anerkannt hohen Leistungsstand. Diese um 1974 entstandene Aufnahme zeigt einen M48 aus Neumünster und einen Schützenpanzer Marder, wohl aus Bad Segeberg, während einer Übung bei Brokstedt.

1960 erhielt die Panzerbrigade 18 den Schützenpanzer HS 30, um die Kampfkraft der Panzergrenadiere zu erhöhen. Technische Probleme des Fahrzeuges beeinträchtigten aber die Einsatzmöglichkeiten. Dieser HS 30 des Panzergrenadierbataillons 182 nahm im September 1960 an der NATO-Übung „Hold Fast" teil.

Der Schützenpanzer Marder ersetzte 1973 den HS 30. Sehr beweglich, gut gepanzert und gut bewaffnet erhöhte er die Kampfkraft der Panzergrenadiere enorm. Dieser Marder des Panzergrenadierbataillons 182 nahm 1975 an einer Landung in der Hohwachter Bucht teil, die Teil der NATO-Übung „Bold Guard“ war.

Die beiden in Neumünster stationierten Panzerbataillone erhielten 1968 den amerikanischen Kampfpanzer M48, dessen Bewaffnung und Panzerung dem M47 überlegen waren. Hier sieht man eines dieser Fahrzeuge um 1970 bei einer Übung. Deutlich erkennbar ist die Kommandantenkuppel mit dem Maschinengewehr.

Seit 1974 erhielt die Panzerbrigade 18 den deutschen Kampfpanzer Leopard 1A2, der bis März 1975 den M48 ablöste. Seine Geschwindigkeit, Beweglichkeit, Bewaffnung, Panzerung und Zuverlässigkeit erhöhten die Kampfkraft erheblich. Intensive Übungen machten die Soldaten mit diesem Panzer rasch vertraut.

Dem täglichen Dienstbetrieb begegneten die Soldaten mit Humor und Ironie, wie diese Karte zeigt. Sie stammt aus der Sick-Kaserne, wo man solche Juxkarten in der Kantine verkaufte. Je mehr sich die Entlassung näherte, desto gelassener reagierten die Wehrpflichtigen auf diensteifrige Vorgesetzte.

„Das ist bei der Bundeswehr bisher nicht passiert", hieß es bei der Panzerbrigade 18, als am 4. August 1966 ein M113 in der Unterführung beim Hauptbahnhof einen Pfeiler rammte. Ursache war ein Holm, der auf einen Schalthebel gefallen war. Verletzte gab es nicht, doch musste die Unterführung gesperrt werden.

Viele in Neumünster stationierte Bundeswehrangehörige wohnten auch hier, während Wehrpflichtige aus unserer Stadt ihren Dienst vor Ort ableisteten. Der Anblick von Soldaten war deshalb alltäglich. Dieser Gefreite ist in den Siebzigerjahren nach Dienstschluss mit dem Fahrrad auf dem Heimweg.

8

Freizeit und Gesellschaftliches

Bereits 1945 entwickelte sich wieder ein Kulturleben in unserer Stadt, als verschiedene Verbände Theateraufführungen, Lesungen und Konzerte organisierten. Da es an geeigneten Räumlichkeiten mangelte, nutzte man oft die Aula der Klaus-Groth-Schule für solche Veranstaltungen. Als 1950 in der „Tonhalle" am Großflecken ein Saal für über 600 Zuschauer eingerichtet wurde, ließen sich dort sogar Operetten und Opern aufführen.

Nachdem die „Tonhalle" 1964 schließen musste, fanden die Theateraufführungen im „Corso" statt. Eine besondere Rolle nahm außerdem die Niederdeutsche Bühne ein, die bereits 1946 den Spielbetrieb wieder aufnahm. Sie entwickelte sich zur wichtigsten Theatertruppe unseres Landes, die das Plattdeutsche pflegt.

Die Fünfzigerjahre erlebten eine Blüte der Vergnügungs- und Tanzlokale, da die Menschen sich nach den Kriegs- und Nachkriegsjahren endlich amüsieren wollten. Sehr beliebt waren neben der „Tonhalle" auch das Hotel „Zur Perle" und die „Reichshalle".

Die Neumünsteraner Kinos wie das Capitol-Lichtspielhaus am Kuhberg oder das Schauburg-Filmtheater am Großflecken verzeichneten in den Fünfzigerjahren Zuschauerrekorde. Deutsche Heimat- und Revuefilme begeisterten die Kinofreunde damals ebenso wie amerikanische Krimis oder Western.

Das Radio war noch lange das wichtigste Unterhaltungsmedium, dessen Programme Konzerte ebenso wie Unterhaltung beinhalteten. Zunehmend machte ihm jedoch das Fernsehen Konkurrenz, wozu Showveranstaltungen ebenso beitrugen wie die Übertragung wichtiger Ereignisse. Die fortschreitende Verbreitung von Fernsehapparaten bewirkte eine allmähliche, aber nachhaltige Änderung der Freizeitgewohnheiten. Die Kinos mussten daher seit etwa 1960 einen Rückgang der Besucherzahlen registrieren.

Bereits in den Nachkriegsjahren kam dem Sport große Bedeutung zu. Reiten, Fußball, Tennis und Boxen betrieb man ebenso wie Segel- und Motorflug, Turnen oder Laufen. Motorradrennen erfreuten sich lange Zeit außerordentlicher Beliebtheit. Für das Schwimmen stand neben dem Klosterbad ab 1971 auch das Bad am Stadtwald zur Verfügung. Gefördert durch die Sportverbände entwickelte sich seit etwa 1970 die sogenannte Fitnesswelle. Das Zelten, bald Camping genannt, war ein weiteres Freizeitvergnügen. Es diente in den Vierziger- und Fünfzigerjahren auch dazu, den Schulkindern einen Aufenthalt in der Natur zu ermöglichen. Auf diese Weise sollten kriegs- und nachkriegsbedingte Entwicklungsdefizite ausgeglichen werden.

Die Flüchtlinge und Heimatvertriebenen entwickelten sich rasch zu einer gesellschaftlich relevanten Gruppe. Zu den größten Leistungen der Fünfziger- und Sechzigerjahre gehörte die Integration dieser Gruppe in die bundesdeutsche Gesellschaft.

Ab 1970 setzte ein Trend zum „Wohnen im Grünen" ein. Viele Familien zogen jetzt in eigene Häuser, um sich ein persönliches Wohnumfeld zu gestalten.

Campingfahrten waren in den Fünfzigerjahren ein sehr beliebtes Ferienvergnügen. Kinder und Jugendliche traten solche Fahrten oft in Gruppen an, um sich in der freien Natur zu erholen. Dieses Foto einer Zeltgemeinschaft aus Neumünster entstand vermutlich 1947 am Schönberger Strand an der Ostsee.

Aufgrund der Entbehrungen in der Kriegs- und Nachkriegszeit mussten bei vielen Kindern Entwicklungsdefizite festgestellt werden. Durch Ferienaufenthalte in Heimen und Zeltlagern versuchte man diesen entgegenzuwirken. Hier verabschieden sich um 1953 Kinder von ihren Familien vor einer Campingfahrt.

Am 15. August 1953 fand in der „Holstenhalle" das 2. Landestreffen der Ostpreußen statt, zu dem fast 10.000 Gäste erschienen. Sprecher der Landsmannschaften erklärten ausdrücklich, sich für eine friedliche Lösung der Flüchtlingsproblematik einzusetzen. Ein Empfang im Rathaus schloss sich dem Treffen an.

Im Rahmen des 2. Landestreffens der Ostpreußen gab auch einen Umzug, mit dem die Teilnehmer auf ihre Anliegen aufmerksam machten. Eine Kapelle, Fahnen und eine Trachtengruppe sorgten für das Interesse der Zuschauer. Derartige Kundgebungen veranstaltete man in den Fünfziger- und Sechzigerjahren häufig.

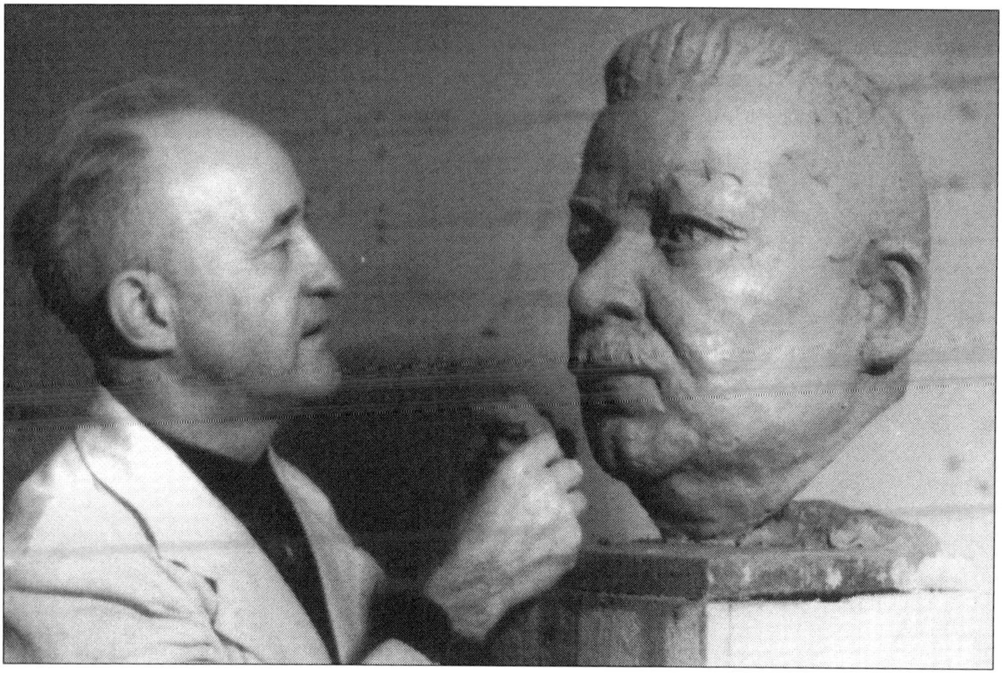

Dem bekannten ostpreußischen Künstler Georg Fuhg, der sich 1951 in Neumünster niederließ, gelang noch im selben Jahr mit der Bronzeplastik „Friedrich Ebert“ ein künstlerischer Neubeginn. Hier sieht man ihn bei der Arbeit an dem Tonmodell der Plastik, die er für das Friedrich-Ebert-Krankenhaus schuf.

Motorradrennen erfreuten sich seit Ende der Vierzigerjahre großer Popularität in unserer Stadt. 1949 fand hier das 1. Deutsche Aschenbahn-Rennen statt, dem zahlreiche weitere Veranstaltungen dieser Art folgten. Der Zustrom an begeisterten Zuschauern war ein Zeichen für die Akzeptanz dieses Sports.

Die Fußballbegeisterung erreichte in Neumünster während der Fünfzigerjahre einen Höhepunkt. Bis zu 3.000 Zuschauer erschienen bei den hier veranstalteten Spielen. Diese Aufnahme zeigt, dass wahrer Fußball keine große Arena benötigt. Für Spieler und Zuschauer war damals der Sportsgeist entscheidend.

Seit dem Bau einer Reitbahn 1886 erfreut sich der Reitsport in Neumünster großer Beliebtheit. 1951 fand in der Holstenhalle das 1. Nationale Reitturnier statt, das eines der größten deutschen Turniere wurde. Bei Geländeritten zeigten die Reitsportler ihre Geschicklichkeit im Umgang mit den Pferden.

Seit 1948 betrieb der 1908 gegründete Flugsportclub Neumünster in Boostedt den Modell- und Segelflug. 1966 eröffnete der Verein in Neumünster nahe dem Baumschulenweg einen Sportflugplatz, der ihm jetzt auch den Motorflug ermöglichte. Diese Aufnahme von 1970 gibt einen Eindruck von dem Flugbetrieb.

1952 erwarb der Flugsportclub Neumünster das erste Segelflugzeug nach dem Krieg. In der „Tonhalle" taufte Oberbürgermeister Lehmkuhl den Doppelsitzer des Typs Mü 13 E „Bergfalke" auf den Namen „Neumünster". Möglich wurde der Kauf durch einen Sponsor, dessen Firmenname auf den Tragflächen erschien.

In den Fünfzigerjahren wurde das Boxen in Neumünster populär. Zahlreiche Boxsportler aus unserer Stadt gelangten zu Meisterschaftsehren, darunter Peter Weiland, der 1969 und 1970 die Europameisterschaft im Schwergewicht gewann. Als Rechtsausleger war er für seine präzisen Leberhaken gefürchtet.

Das durch einen Luftangriff zerstörte Klosterbad wurde nach dem Krieg wieder aufgebaut und erweitert. Seit der Neueröffnung am 6. April 1952 stand Wassersportlern und Freizeitschwimmern in der Klosterstraße eine moderne Schwimmhalle zur Verfügung. Oberbürgermeister Lehmkuhl hielt die Eröffnungsrede.

Seit 1971 bietet das am Hansaring gelegene Bad am Stadtwald den badebegeisterten Einwohnern die Möglichkeit, sich an heißen Sommertagen abzukühlen. Diese Aufnahme entstand während der Einweihung. Zunächst als Freibad gebaut, wurden später noch ein Hallenbad und ein Restaurant errichtet.

Das Bad am Stadtwald wurde bis 1971 noch weiter ausgebaut. Diese im selben Jahr entstandene Aufnahme zeigt hinter dem großen Schwimmbecken das neue Hallenbad, das nun auch bei schlechtem Wetter und im Winter das Baden ermöglicht. In dem Anbau auf der linken Seite befindet sich ein Restaurant.

Diese am 26. Januar 1954 entstandene Aufnahme vermittelt einen guten Eindruck des Kulturbetriebes während der Fünfzigerjahre. Vor der „Tonhalle“ sieht man Besucher einer Vorstellung der Oper „Der Barbier von Sevilla“, die sogar mit Sonderbussen kamen. Zugleich wird für eine Preismaskerade geworben.

Die Fünfzigerjahre erlebten einen Boom der Vergnügungs- und Tanzlokale, denn man wollte die Entbehrungen der Vorjahre vergessen. Sehr beliebt war die 1950 im Großflecken 51 eröffnete „Tonhalle". Diese junge Dame ist Emmi Harder, die dort im selben Jahr an einer Maskerade teilnahm, einem Kostümfest.

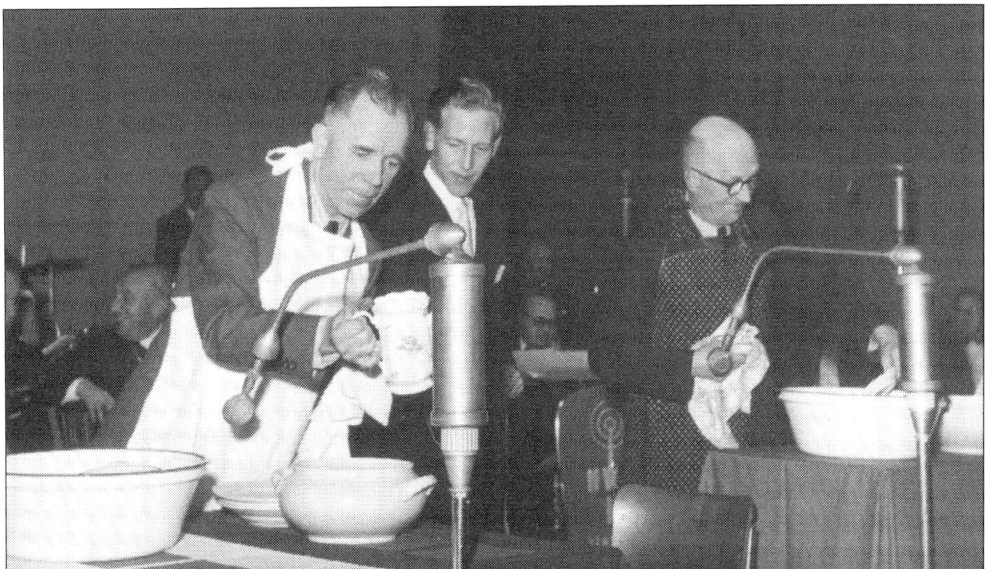

Am 8. Januar 1954 sendete der Nordwestdeutsche Rundfunk aus der „Tonhalle" die beliebte Radioshow „Schwarz oder Weiß". Zwei Familien traten in einem Wettbewerb an, bei dem die Ehemänner sich auch im Geschirrtrocknen versuchten. Moderator war Just Scheu, für die Musik sorgte das Orchester Franz Thon.

Die „Tonhalle“ bot auch Programme für gehobene Ansprüche. Am 26. Januar 1954 gastierte hier die Compagnia d’Opera Italiana mit der Oper „Der Barbier von Sevilla“. Da man in Neumünster auch die Klassiker schätzte, war die Vorstellung ausverkauft. Dieses Foto zeigt den Dirigenten und zwei der Sänger.

Zur „Tonhalle“ gehörte auch die „Dorett-Bar“, die auf diesem wohl um 1960 aufgenommenen Foto zu sehen ist. Sie brachte einen Hauch verruchter Großstadtatmosphäre nach Neumünster, war aber doch ein bürgerliches Etablissement. Neben Tanzveranstaltungen fanden hier auch viele Vereinsfeiern statt.

Die Musik hatte traditionell große Bedeutung in Neumünster. Kammermusik, Jazz, Chorgesang oder Operetten fanden hier gleichermaßen ein sachverständiges Publikum. Dafür ist dieses Konzert in der Klaus-Groth-Schule ein Beispiel, wo die Jugendmusikschule 1973 mit der Bordesholmer Liefertafel auftrat.

1950 trat die Continental-Eisrevue in der Holstenhalle auf. Zu den 120 Mitwirkenden gehörten die Olympiasieger Maxi und Ernst Baier, die achtfache Berliner Meisterin Inge Koch und zahlreiche weitere bekannte Eiskunstläufer. Der Staatsballettmeister Rudolf Kölling choreografierte die Darbietungen.

Eine für Neumünster ungewöhnliche Veranstaltung war das Oktoberfest, das am 13. und 14. Oktober 1956 in der Holstenhalle stattfand. Zwei Polizeikapellen sorgten für die Musik in der mit Luftballons, Fahnen und Girlanden geschmückten Halle. Etwa 4.000 Besucher vergnügten sich hier auf bayrische Art.

Die Schließung der „Tonhalle“ war ein schwerer Rückschlag für das städtische Theaterleben. Mit der Eröffnung des „Corso“ in Tungendorf stand seit 1964 aber wieder ein Theatersaal zur Verfügung. Eigentlich ein Provisorium, entwickelte sich das umgebaute Kino doch zu einem Mittelpunkt des Kulturbetriebes.

Das „Corso“ bot ein hochwertiges Theaterprogramm, das viele bekannte Schauspieler nach Neumünster führte. 1970 gastierten hier Walter Giller und Hannelore Elsner mit dem Stück „Helden“ von George Bernard Shaw. Hier hat sich Hauptmann Bluntschli gerade in das Zimmer des Mädchens Raina gerettet.

Die 1923 gegründete Niederdeutsche Bühne Neumünster nahm den Spielbetrieb 1946 wieder auf. Mit großem Engagement wurden alle Probleme überwunden, bis sie erneut ein fester Teil des städtischen Kulturlebens war. Seit 1960 entwickelte sich die NBN zum größten plattdeutschen Theater unseres Landes.

Beliebt für Ausflüge war die Gaststätte im Tierpark Neumünster, deren Gastraum man auch für Veranstaltungen und Feiern nutzte. In dem Gebäude, hier 1959 abgebildet, befanden sich außerdem eine Jagdlehrschau und das Aquarium. Ein nahe gelegener Kinderspielplatz bot den kleinen Besuchern Ablenkung.

1950 eröffnete im Kuhberg das Capitol-Lichtspielhaus, das mit 840 Plätzen zum größten Kino unserer Stadt wurde. Den Besuchern bot sich hier ein sehr vielfältiges Programm. Es umfasste Märchenfilme für Kinder, Komödien, Kriminalfilme oder Western ebenso wie Literaturverfilmungen und Revuefilme.

Das Capitol-Lichtspielhaus setzte die bis 1906 zurückreichende Kinotradition von Neumünster fort. Gegründet von dem Filmkaufmann Otto Draber, ersetzte es den in der Nachkriegszeit abgerissenen Holsten-Palast. Hier sieht man den Eingangsbereich des Capitols mit dem Kassenhäuschen um 1955.

Seit Mitte der Fünfzigerjahre veränderte das Fernsehen die Freizeitgewohnheiten. Übertragungen von Sportereignissen und öffentlichen Veranstaltungen sorgten für steigende Zuschauerzahlen. Hier verfolgen interessierte Passanten im Haart das Programm, das ein Fernseher in einem Schaufenster zeigt.

Nachdem man die ersten Kinderspielplätze in Neumünster bereits vor 1914 angelegt hatte, setzte die Stadt auch nach 1945 diese Tradition fort. Dieser Platz wurde am 15. September 1972 im Osterhofpark eröffnet. Die Kinder aus der Gartenstadt konnten jetzt nahe den elterlichen Wohnungen spielen und toben.

Um 1970 entwickelte sich ein Fitnessbewusstsein in der Bevölkerung, das durch Programme wie die Trimm-Dich-Bewegung der Sportverbände gefördert wurde. Zu den zahlreichen Freizeitsportlern gehörte auch Oberbürgermeister Uwe Harder, der hier am 2. Dezember 1973 einen Morgenlauf im Schnee unternimmt.

Wenn im Winter die Seen zufroren und das Eis eine ausreichende Dicke aufwies, dann nutzten viele Erwachsene und Kinder die Gelegenheit gerne zum Schlittschuhlaufen. Diese Schlittschuhläufer sind im Januar 1971 auf dem Falderasee unterwegs. Im Hintergrund ist die St.-Bartholomäus-Kirche zu sehen.

Seit Beginn der Siebzigerjahre zogen viele Einwohner in moderne Ein- oder Zweifamilienhäuser, wobei sie eine betont grün gestaltete Umgebung bevorzugten. Diese Vorgärten in der Thorstraße sind gute Beispiele des allgemeinen Trends. Sie nahmen 1972 an dem Vorgartenwettbewerb „Lebensfreude" teil.

Der Jahrmarkt auf dem Jugendspielplatz bildete mit seinen vielen Attraktionen von jeher einen besonderen Anziehungspunkt. Im Sommer 1973 besuchte ihn auch eine Gruppe von Waisenkindern. Ihre Betreuung übernahm die Ehefrau von Oberbürgermeister Harder, die hier die Kinder über den Jahrmarkt führt.

Literaturverzeichnis

Die folgenden Werke ermöglichen den Lesern einen guten Einstieg, wenn sie weiteres Material über die Entwicklung der Stadt Neumünster zwischen 1945 und 1975 suchen. Sie können im Stadtarchiv Neumünster eingesehen werden.

ARBEITSKREIS STADTGESCHICHTE NEUMÜNSTER: *Über den Dächern von Neumünster. Historische Luftbilder*; Gudensberg-Gleichen 2002.

DWARS, MARIANNE / FAHRNER, KLAUS / NAGAR, BÄRBEL (HRSG.): *Neumünster Lexikon*; Neumünster 2003.

ENGLING, IRMTRAUT (HRSG.): *Das Neumünster-Buch. Eine Stadtgeschichte in Wort und Bild*; Neumünster 1985.

MÜLLER, HELMUT / ERBEN, WALTER: *Als unser Leben Kleinholz war. Helmut Müller erlebt Neumünster in schwerer Zeit. Bilddokumentation Walter Erben*; Neumünster 1987.

OBST, CARSTEN: *Der demokratische Neubeginn in Neumünster 1947–1950 anhand der Arbeit und Entwicklung des Neumünsteraner Rates*; in: HOFFMANN, ERICH (HRSG.): *Kieler Werkstücke. Reihe A: Beiträge zur schleswig-holsteinischen und skandinavischen Geschichte*; Band 3; Frankfurt am Main/Bern/New York/Paris 1992.

OBST, CARSTEN: *Flüchtlinge in Neumünster*; Erfurt 2007.

RATHJE, CARSTEN (HRSG.): *875 Jahre Neumünster. Geschichte und Geschichten*; Neumünster 2002.

SIECK, PAUL: *Neumünster. Stadt ältester Traditionen Holsteins. Aus der Geschichte Neumünsters von der Vorzeit bis zur Gegenwart von Paul Sieck mit Beiträgen von Karl Barlach, Hans Hingst, Hermann Lütjohann und Karl Schlabow*; Neumünster 1966.

ULLEMEYER, RUDOLF / HEGGEN, ALFRED / SCHUSTER, PETER / TIDOW, KLAUS: *Neumünster. Die Geschichte von 1127–2000. Fakten – Zahlen – Dokumente – Fotos. Eine umfassende, reich bebilderte Darstellung der Ereignisse, Krisen und Höhepunkte über Jahrhunderte. Ein Stadtportrait der alten Tuch-, Leder-, Eisenbahn- und Industriestadt Neumünster im Zentrum Schleswig-Holsteins*; Neumünster 2000.

UNGER, RICO / BLANK, THOMAS / BRINKMANN, ANDREAS / OBST, CARSTEN: *Chronik Panzerbrigade 18 Holstein*; Bad Segeberg, 1. Auflage 2008.

FSC
www.fsc.org
MIX
Papier | Fördert
gute Waldnutzung
FSC® C083411

Zeitfracht Medien GmbH
Ferdinand-Jühlke-Straße 7
99095 Erfurt, Deutschland
produktsicherheit@kolibri360.de

Druck:
CPI Druckdienstleistungen GmbH
im Auftrag der
Zeitfracht Medien GmbH
Ein Unternehmen der Zeitfracht - Gruppe
Ferdinand-Jühlke-Str. 7
99095 Erfurt